Hermann Limbach

Limbach Priameln

Hermann Limbach

Limbach Priameln

ISBN/EAN: 9783744655958

Hergestellt in Europa, USA, Kanada, Australien, Japan

Cover: Foto ©ninafisch / pixelio.de

Weitere Bücher finden Sie auf **www.hansebooks.com**

H. Limbach

Priameln

riameln

Eine ausgewählte Sammlung

altdeutscher Sinngedichte

Mit einem erläuternden Vorworte

herausgegeben

von

Hermann Limbach

Dresden
Albanus'sche Verlagsbuchhandlung
1892

Alle Rechte vorbehalten.

———

Nachdruck wird gerichtlich verfolgt.

BURDACH

Vorwort.

Mit dem vorliegenden Werkchen übergebe ich dem Publikum eine Frucht langen, anhaltenden Fleißes, den ich auf die Sammlung und Auswahl der Gedichte verwenden mußte, und hoffe, daß die Herausgabe dieser umfänglichen Priamelsammlung eine freundliche Aufnahme und Beurtheilung erfahren möge.

Bei der Veröffentlichung dieses Werkchens wurde ich in der Hauptsache von dem Gedanken geleitet, auch dem größeren gebildeten Leserkreise einen Einblick in die Schätze unserer reichen altdeutschen Volkspoesie zu ermöglichen, und um dies zu erreichen, habe ich den Text der Gedichte in möglichster Anpassung an die neuhochdeutsche Sprache wiedergegeben, von dieser Regel nur mit wenigen Ausnahmen da abweichend, wo sich ohne Gefahr für die

Verständlichkeit die ursprüngliche Wortform anwenden
ließ, und dort, wo sich ohne Umgestaltung des ganzen
Textes ein neuhochdeutsches Wort nicht hätte verwenden
lassen; doch habe ich in diesen wenigen Fällen, um der
Sprachkenntniß der geneigten Leser nicht allzuviel zuzu-
muthen, stets die Uebersetzung beigefügt.

Ehe ich zu einer kurzen Charakteristik der Priameln
übergehe, fühle ich mich gedrungen, der königlichen öffent-
lichen Bibliothek in Dresden, welche mir in liebenswürdigster
Weise ihre umfangreichen Schätze zur Benutzung über-
ließ, meinen wärmsten Dank auszusprechen. An Quellen
standen mir außer einer Handschrift aus dem 15. Jahrhundert noch eine große Zahl bereits gedruckter, fragment-
artiger Sammlungen zu Gebote, wovon ich die des Herrn
Dr. Karl Euling in Paderborn als die bedeutendste hier
nicht unerwähnt lassen will. Aus allen aber habe ich
nur das mir am geeignetsten Erscheinende sorgsam aus-
gewählt, da einmal eine vollständige Sammlung aller
Priameln ohne Rücksicht auf ihren Inhalt nur für den
Spezial-Gelehrten von Werth, und dann auch in einer
beträchtlichen Anzahl der Gedichte die Sprache zuweilen
eine so freie und unverhüllte ist, daß ich von ihrer Veröffentlichung in Hinsicht auf den Zweck dieses Werkchens,
welches ja nicht für den strengen Forscher geschrieben ist,
Abstand nehmen mußte. Trotzdem wird der Leser noch

manche seiner Ansicht nach vielleicht zu derbe Stelle finden, doch möge er sich hierdurch nicht abgestoßen fühlen, sondern bedenken, daß es der Geist jener Zeiten, denen die Gedichte entstammen, nicht anders mit sich brachte, und daß unsere Vorfahren bei aller Sittenstrenge noch nicht so ängstlich im Abwägen ihrer Worte waren als man heute ist; hat doch selbst der große Reformator Luther, obgleich von fester Frömmigkeit, gegen seine Widersacher manchen kräftigen Ausdruck nicht verschmäht.

Die ganze vorliegende Sammlung ist echt deutschen Inhalts mit nur zwei Ausnahmen, den Gedichten Nr. II, 50 und Nr. II, 170, welche ich einzig ihrer Originalität wegen aufnahm, und die dem Shakespeare'schen Drama „König Lear" entstammen. Doch nun zu unseren Gedichten selbst.

Die Priameln waren seit dem 13. bis in das 15. Jahrhundert mit ein Hauptbestandtheil der deutschen Volkspoesie. Ihre Ausgrabung, wenn man so sagen will, aus dem Schutte der Jahrhunderte verdanken wir niemand Geringerem als Gotth. Ephr. Lessing, der ihrer zum ersten Mal wieder erwähnt in einem Briefe an Herder vom 10. Januar 1779, mit den folgenden Worten: ... „Priameln, wovon jetzt noch kaum der Name mehr bekannt ist, waren im 13. und 14. Jahrhundert eine Art von kurzen Gedichten, die ich gern das ursprünglich teutsche Epigramm nennen möchte; alle moralischen

Inhalts, obgleich nicht alle von dem züchtigsten Ausdruck." Schon er trug sich mit dem Gedanken, eine Herausgabe dieser Sinngedichte zu veranstalten, woran ihn aber der Tod verhinderte. Herder fügte der angezogenen Charakteristik Lessings noch hinzu: „Priamel ist also ein kurzes Gedicht mit Erwartung und Aufschluß; gerade die wesentlichen Stücke, in die Lessing das Sinngedicht setzet. Nur freilich ist beim Teutschen Sinngedicht die Erwartung etwas lang, und wenn ich hinzu setzen darf, nach teutscher Art und Kunst etwas lehrhaft." — Bereits Lessing und Herder glaubten also in der Priamel nicht mit Unrecht die ursprüngliche Art des deutschen Epigrammes zu erkennen.

Die Priamel ist in Form und Darstellung durchaus volksthümlicher Art, trat daher während der Blüthe des ritterlichen Minnegesanges (im 15. Jahrhundert) ganz zurück und zeigte sich erst wieder, als das Volksleben neue Kraft und Bedeutung gewann. Ihre besondere, fest ausgeprägte Form besteht nun darin, daß auf eine größere oder kleinere Reihe von Vordersätzen, von denen jeder meistens eine Verszeile bildet, ein sie alle umfassender kurzer Nachsatz folgt, der gewöhnlich in einer einzigen Verszeile die Aehnlichkeit und die Bedeutung jener Vordersätze zusammenfaßt, und eine Lehre enthält, die jedoch nicht ausdrücklich ausgesprochen wird, sondern nur aus dem Zusammenhange hervorgeht; oder kurz gesagt, es

Vorwort.

wird in diesen Gedichten, um einen altdeutschen Volks-
ausdruck zu gebrauchen, erst lange „präambulirt", und
dann folgt der kurze Schluß oder Aufschluß; daher denn
auch der Name Priamel, welcher aus dem spätlateinischen
Worte praeambulum, d. h. Vorlauf, entstanden ist.

Ihren volksthümlichen Charakter bewährt die Priamel
vorzüglich dadurch, daß die Vordersätze meistens Anschau-
ungen aus dem Leben enthalten, aus dem Leben, wie
es sich dem damaligen Beobachter zeigte, und die Lehren,
die aus der Zusammenstellung dieser Sätze gezogen werden
sollen, Lebens- und Klugheitsregeln sind, wie sie das
Sprichwort giebt, sodaß die Priamel in der That nur
ein zusammengesetztes oder erweitertes Sprichwort ist, an
welchem der Volkswitz seine satyrisch-humoristischen Be-
merkungen und beißenden Einfälle nicht ohne eine gewisse
natürliche Derbheit zur poetischen Darstellung bringt.

Wenn die Priameln auch äußerlich einander beinahe
gleich sehen, so ist dagegen ihr Inhalt äußerst mannig-
faltig, wie die Lebensverhältnisse, welche sie behandeln.
Die meisten sind, wie es schon die epigrammatische Schluß-
wendung mit sich bringt, witzig und voll des heitersten
Humors, manche aber auch, wie schon erwähnt, von nicht
geringer Derbheit, die alles mit den nacktesten Ausdrücken
bezeichnet. Doch findet man auch nicht selten solche sittlich-

ernsthaften Charakters, wie ich deren eine ziemliche Anzahl in diese Sammlung aufgenommen habe.

Von bekannten Dichtern jener Epoche haben Hans Rosenplüt und Hans Folz Priameln gedichtet; bei weitem die meisten aber sind von unbekannten Verfassern, und viele entsproßten sicherlich als naturwüchsige Gebilde unmittelbar dem Boden des regsamen Volkslebens. Ihre Blüthezeit fällt in das 15. Jahrhundert, doch reicht ihr Ursprung, wie ich schon anführte, bis in das 13. Jahrhundert hinauf, wo sie bereits von den damaligen Dichtern gewissermaßen als poetische Würze hier und da in ihren größeren Lehrgedichten verwandt wurde.

Bei der Sichtung des Stoffes bin ich von dem Grundsatze ausgegangen, die Gedichte in zwei Gruppen zu scheiden, in solche sittlich-ernsten, religiösen Inhalts, welche den I. Theil umfassen, und solche, welche sich in dem leichtgeschürzten Gewande der Satyre und des Humors zeigen, und den II. Theil bilden.

So schließe ich denn mit dem Wunsche, daß das Büchlein in die deutsche Leserwelt hinauswandern und eine freundliche Aufnahme finden möge.

Dresden, im Mai 1892.

Der Verfasser.

Inhalts-Verzeichniß.

Die römischen Ziffern beziehen sich auf die Abtheilung des Werkes, die arabischen auf die Nummern der Gedichte.

Ach Elend, berichte mich I. 67.
Alles Fasten, Almosengeben und Beten I. 9.
Als Gott seine heilige Marter litt I. 32.
Als Knabe verschlossen und trutzig II. 123.
Alte Hunde und Affen II. 133.
Alter ohne Weisheit, Weisheit ohne Werk II. 91.
Alters Freud' und Abendschein I. 76.
An Hundes Hinken II. 125.
Armuth in Demuth leben thut II. 77

Baderknecht und Pfaffenweiber II. 59.
Beicht' ist ein solcher würdiger Schatz I. 19.
Bei dem so wollt' ich gerne rasten II. 96.
Blinden Pferdes Scheu II. 15.

Das Alter ist so gethan II. 52.
Das Ende bedenk', und sündige nicht I. 77.
Das Herze fröhlich, der Muth recht ehrlich I. 29.

Das Vergangne beträchtlich erachten II. 54.
Daß Hölle nicht Hölle geschaffen wäre I. 11.
Daß tausend Berg eitel klar Gold wären I. 20.
Da wo der Sohn vor dem Vater geht II. 130.
Dem Blinden ist mit Schlafen wohl II. 44.
Dem Wolf das Schaf II. 176.
Den Topf erkennt man an seinem Klang II. 127.
Der Fröhliche nicht, der Betrübte bald II. 160.
Der Jungen That, der Alten Rath II 121.
Der Kaiser will haben seine Treu' und Pflicht II. 1.
Die drei Dinge Du gar fleißig üb' I. 21.
Die Gäste, die ungern bezahlen II. 92.
Die groß' Untreu' mit Lügen und Aeffen I. 45.
Die Knaben in den hohen Hüten II. 36.
Die Liebe, die die Menschen zu einander haben sollten I. 73.
Die Stück' vernichten Städt' und Land I. 23.
Durch Faulheit, Spiel und Frauenlieb' II. 80.

Ehrlich von Geblüt I. 49.
Ein Arzt der Zahnweh' könnt' vertreiben II. 150.
Ein Bauer, dem Gott solche Kunst wollt' fügen II. 10.
Ein böhmisch Mönch und schwäbisch Nonn' II. 16.
Eine junge Maid ohne Liebe II. 47.
Eine Jungfrau ohne Scham II. 84.
Einem getreuen Diener gehören zu I. 36.
Einem Mann, dem Gut und Ehr' zufließt II. 151.
Eine Mühl' ohne Gang II. 27.
Einen gesunden Bissen II. 147.
Einer, der Spiel hat getrieben an II. 93.
Ein Esel und das Nußbaumholz II. 129.
Eine Todsünde ward nie so klein gethan I. 8.
Ein frommer Dienstknecht, getreu und wahrhaft I. 69.
Ein Garten ohne Baum II. 67.
Ein Gast, dem ein Wirth gütlich thut II. 153.

Ein' harte Nuß, ein stumpfer Zahn II. 146.
Ein Goldschmied, der mit künstlichen Sachen II. 7.
Ein Hafner, dem solche Kunst könnt' werden II. 4.
Ein Handwerksknecht, dem man guten Lohn geit II. 105.
Ein Handwerksmann, der fromm' Knechte hätt' II. 83.
Ein Hirsch eine Unke steuhet II. 20.
Ein Hirt, der treulich seines Viehes hüt' II. 109.
Ein hübscher Waidmann und ein Jäger II. 110.
Ein Kind vergißt sich selbst II. 113.
Ein Krämer, der nicht lügt II. 100.
Ein Kürschner und ein Sommer heiß II. 39.
Ein Mensch, der in schweren Todsünden steht I. 26.
Ein Mensch, der lieber bös wär' denn fromm I. 47.
Ein Priester, der 30 Jahr zur Schul' wär' gangen I. 9.
Ein Priester, der ob dem Altar steht II. 138.
Ein Rath in einer Stadt und ein' Gemein' II. 111.
Ein Richter, der da richtet recht II. 158.
Ein Richter, der da sitzt an einem Gericht II. 118.
Ein Rothschmied, der seiner Sinne könnte genießen II. 8.
Ein Schneider, der viel Knecht' hätt' II. 3.
Ein Schreiber, der lieber tanzt und springt II. 85.
Ein Schreiber ohne Feder II. 28.
Ein Schreiner, der Holz genug hätt' umsonst II. 9.
Ein Schuster' der mit rechten Sachen II. 6.
Ein Schweinshirt, der da hütet bei Korn II. 159.
Ein' Schwester ihren Bruder lehret I. 40.
Ein seeliger Mensch gewann den Schaden I. 39.
Ein seeliger Mensch Gott lange mahnt' I. 41.
Ein Stand, der ohn' Gefahr II. 57.
Ein stolzer Pfaff II. 101.
Ein Sünder, der in seinen Sünden verzagt I. 61.
Ein thörichter Rathsherr in einem Rath II. 119
Ein Vater, der sein Kind gern lehren wollt' I. 50.
Ein Weber, dem Gott solche Kunst hätt' geben II. 5.

Ein Weib nach Hübschheit als ich sag' II. 88.
Ein Weintrinker und eine Boden-Neige II. 49.
Ein Würzgart' und ein Rosenkranz II. 98.
Ein Zimmermann, dem die Spähn' in Kleidern hangen II. 107.
Emsig beten und früh aufstehn II. 56.
Es ist auf Erd' kein' besser List I. 65.
Es ist kein erschrecklicher Ding I. 78.
Es sagen all' Lehrer und die heilige Schrift I. 12.
Essen und Trinken ohn' Dankbarkeit I. 60.
Es wundert manchen noch bis heut II. 62.

Feuer machen und nicht brennen II. 30.
Förster und Jäger II. 29.
Freunde in der Noth II. 28.

Gar manche woll'n all' Welt anklären II. 102.
Gedächten wir guter That so lange II. 22.
Getreulich gearbeit', mit allen gelitten II. 151.
Gottes Gnad', ein gesunder Leib II. 145.
Gottes Gnad', und gesunder Leib I. 55.
Gottes Gunst, gute Kunst I. 51.
Gottes Huld, christliche Geduld II. 24.
Gottes Wort zu hören nicht veracht' I. 46.
Gott fürchten, ein gesunder Leib II. 181.
Gott gebe, daß ich lange leb' II. 61.
Gott hat drei Orden in die Welt gethan I. 30.
Gott thut alles, das er will II. 171.
Große Arbeit weichen Leuten II. 37.
Gunst und Ungunst II. 175.
Gut Bier, frisch Wein II. 95.

Hab' am Gericht ein' weisen Muth I. 56.
Hätten wir alle einen Glauben II. 45.
Hätt' ich des Kaisers Weib II. 142.

Hätt' ich Herzog Georgs von Bayern Gut II. 141.
Hätt' ich Venedigs Macht II. 140.
Heimlicher Neid, eigener Nutz II. 161.
Herrendienst und Rosenblätter II. 90
Heut so sind wir gut Gesellen II. 60.
Hirschennieren, Hasenlungen II. 19.
Hüt' Dich vor Lab' und Trinkens viel I. 64.

Im Jänner ohn' Noth kein' Ader laß II. 21.
Im Lenz gehn Klinken schlagen II. 18.
In dem Haus fröhlich und tugendlich II. 132.
In Leid und Schmerz II. 72.
Jagdhunde, wilde Schwein' und Hasen II. 137.

Kein Pfaff ward nie so krank und alt II. 40.
Kleider aus, Kleider an II. 82.
Kleine Wasser machen niemand reich II. 167.
Kommt Kunst gegangen vor ein Haus I. 74.
Kunst, Rath und auch Geschicklichkeit II. 174.

Laß den Fröschen ihr Quaken II. 166.
Leide, meide, schweige und ertrage I. 52.
Liebe ohne Treue I. 71.
Löcher und Schaben im alten Gewand II. 104.
Lucifer und auch alle sein' Genossen I. 17.

Mancher dünkt sich ein weiser Mann II. 71.
Man lobt nach Tode manchen Mann II. 169.
Mannes List behende II. 173.
Meid' Thoren und auch Thoren Kind I. 53.
Mich wundert oft wie das besteht II. 35.
Minne ohne Treue II. 64.
Morde, raube, henk' und stiehl II. 38.
Müssiggehen und zarten Leib gezogen II. 32.

Nach dreien Dingen wird man stark II. 157.
Nadel in der Taschen II. 13.
Nebel, übrige Kält' und heiße Gluth II. 156.
Nicht leug', sei gerechter Zeug' I. 68.

O Mensch, dein letztes End' bedenk' I. 79.
O Welt! Dein Name heißt Spotthilt II. 43
O Mensch, Du sollst hier für dich üben I. 31.

Prälaten, die Gott nicht sehr ansehen II. 89.

Reden schöne Wort' II. 128.
Redeten die Pfaffen so gern Latein II. 87

Sanguineus, der Mensch von Luft II. 55.
Schöne Weib' und schöne Roß' II. 31.
Seelig ist die Hand, die den Mund nährt I. 38.
Sehen, hören und wünschen umsunst I. 54.
Seht! Wo der Vater fürchtet das Kind II. 131
Seit beide, Vater und Kind II. 39.
Seit die Ritterschaft Turnieren vermeid' II. 117.
Sei mehr als du heißt II. 50.
Seitdem man die ausgeschnittenen Schuhe erdacht II. 124.
So oft man Herren bitten müssen II. 112.
Speise ohne Schmalz I. 70.

Trag' nicht lange deinen Zorn II. 73.
Thu' allzeit recht, scheu niemand nicht I. 34.

Unrechter Gewinne II. 34.
Unrecht thut, der ißt und trinkt all' Stund' I. 44.

Viel gelesen, wenig verstanden II. 94.
Vier Dinge sind gar kläglich I. 22.
Vier Zeichen der Mensch empfind' I. 33.

Wär' ich so weiß als ein Schwan II. 126.
Wann's nur halt II. 81.
Was Gott der Herr einem gönnen will II. 97.
Was man erwirbt mit Getäusch I. 62.
Weiber List, Gottes Gnad' II. 99.
Weisheit und Witz von trunk'nen Leuten II. 41.
Welcher Christenmensch allezeit betracht' I. 14.
Welcher Christenmensch zu Mitternacht wacht I. 15.
Welcher Mann ein Huhn hat, das nicht legt II. 86.
Welcher Mann einen Leib hat nicht zu schwer II 134.
Welcher Mann hat einen Lehrknecht II. 135.
Welcher Mann sich viel rühmt von Frauen II. 68.
Welcher Mann sich vor dem Alter sorgt II. 162.
Welcher Mann viel junge Kinder hat II. 75.
Welcher Mann wandert in guter Watt II. 70
Welcher Mensch da glaubt an Vogelgeschrei I. 16.
Welcher Mensch das heilig Sakrament empfängt I. 2.
Welcher Mensch den Glauben in sich treit I. 5.
Welcher Mensch den Teufel sich läßt berauben I. 6.
Welcher Mensch die vier Quatember nicht fastet I. 48.
Welcher Mensch hie Gottes Leiden bedenkt I. 42.
Welcher Mensch in der Kirchen kniet I. 27.
Welcher Mensch nicht glaubt bis an sein Sterben I. 4.
Welcher Mensch zu Gottes Tisch geht I. 3.
Welcher Priester ist zu krank und zu alt I. 10.
Welcher Priester sich deß vermeß II. 168.
Welcher Ritter bei einer Messe steht II. 108.
Welcher solche Dinge will ausstudiern II. 165.
Welch' Mann hat ein' Taschen groß und weit I. 75.
Welch' Priester sein' Tagzeit fleißig bet' I. 43.
Wem die Schafe wohl stehen II. 179.
Wem Glück ist bescheert I. 56.
Wenn alle Leute wären gleich I. 57.
Wenn der Bischof den Topf treibt II. 116.

Wenn ein Reicher einen Armen verschmäht II. 79.
Wenn ich hätt' aller Jungfern Gunst II. 63.
Wenn man einen Einfältigen betrügt II. 51.
Wenn Priester auf Worte statt Werke sinnen II. 170.
Wenn sollten Juden, Ketzer, Heiden II. 66.
Wenn Zorn, Haß und Neid II. 42.
Wer ab will löschen der Sonne Glanz II. 160.
Wer alle Welt veracht' mit Pracht II. 74.
Wer allzeit folget seinem Haupt II. 172.
Wer auf das Eis bauet II. 65.
Wer baden will einen Rappen weiß II. 12.
Wer bei dem Bäcker kauft Korn II. 69.
Wer bösen Weibern giebt seinen Rath II. 14.
Wer dem Himmel eine Freud' will machen I. 18.
Wer den Aerzten würd' zu Theil II. 148.
Wer Ehehalten dinget um großen Lohn II. 136
Wer einen Apfel schält und ihn darnach nicht isset II. 25.
Wer einen Bock zum Gärtner setzt II. 120.
Wer ein Steinhaus hat groß und weit II. 155.
Wer Frauen die Köpf' stößt aneinander II. 163.
Wer Gaisen in einen Garten läßt II. 108
Wer gern spielt und ungern gilt I. 72.
Wer Gott nicht dankt seines ängstlichen Schwitzen I. 13.
Wer Gott nicht dankt seiner großen Mild I. 25.
Wer gut und barmherzig sei I. 63.
Wer hoch auf einem Baum will purzeln II. 139.
Wer im 23. Jahr nicht stirbt II. 178.
Wer im Lenze spazieren geht II. 17.
Wer immer dich belehren will II. 106.
Wer in zwanzig Jahren nicht wird schlank II. 115.
Wer Knechtes Zung' und Kinderspiel II. 143.
Wer krank ist und dazu geduldig I. 28.
Wer nicht am Sonntag früh aufsteht I. 1.
Wer nichts weiß und nicht frägt II. 112.

Wer recht will halten die zehn Gebot I. 58.
Wer schlechterlei mit bösen Pfaffen I. 37.
Wer seinem Nächsten getreu will sein II. 144.
Wer sein Gut in diesen Jahren II. 53.
Wer sein Haus will wohl besachen II. 78.
Wer sein Leben will recht schlichten I. 35.
Wer sich so halten könnte I 59.
Wer so lange ist in Hoffart II. 26.
Wer Theurung wünscht durch seinen Geiz II. 76.
Wer trinkt ohne Durst .I. 177.
Wer ungeschaut in Säcken kauft II. 152.
Wer von Bautzen kommt ungefangen II. 164.
Wer von den Schneidern Hosen kauft II. 58.
Wo allweg gut Gericht ist in einer Stadt II. 2.
Wo der Bürgermeister schenket Wein II. 122.
Wo die Landsknechte sieden und braten II. 11.
Wo du nicht Creue findest bei II. 46.
Wohl essen und trinken nach aller Begier II. 149.

I. Theil.

Priameln ernsten Inhalts.

1.

Wer nicht am Sonntag früh aufsteht,
Und zu Kirchen und Predigt geht,
Und am Montag nicht gedenkt aller Gläubigen Seel',
Daß ihn Gott mach' geringer ihr Pein und ihr Qual',
Und am Dienstag nicht im Herzen treit'[1])
Die heilig' hoch Dreifaltigkeit,
Und am Mittwoch nicht ein Gedächtniß thut,
Daß man verkauft hat das unschuldig Blut,
Und am Donnerstag nicht betracht' das ängstlich' Schwitzen,
Das grausam Fahen mit Schlagen und Schmitzen,
Und am Freitag den unschuldigen Tod
Den uns der Teufel genommen hat,
Und am Samstag die Königin aller Königin' nicht ehrt:
Der Mensch ist nicht nach rechter Ordnung gelehrt.

[1]) trägt.

2.

Welcher Mensch das heilig Sakrament empfängt,
Und also in seinem Herzen gedenkt:
Ich han empfangen das allerhöchst Gut,
Das mich gekauft hat mit seinem Blut,
„Ich han das wahr' Osterlamm empfangen,
Das für mich an ein Kreuz ward gehangen,
Ich han[1]) empfangen den ganzen Knaben,
Den all' Engel für ihren Schöpfer haben;
Nun bleib' bei mir du hohe Reinheit,
So lang bis mich der Tod erschleicht."
Wer also in seinem Herzen betracht,
Bei dem ist der himmlische Gast genaht,
Und ruhet in seiner Seele wie in sein' Grab,
Und tilgt ihm all' sein vergessen Sünden ab.

[1]) habe.

3.

Welcher Mensch zu Gottes Tisch geht,
Und fünf Stück in seinem Herzen versteht,
Das Erst', daß er Gott lieber hätt'
Denn alles das am Himmel umgeht,
Das Ander, daß er allen seinen Feinden hat vergeben,
Das manchem gar lang am Herzen will kleben,
Das Dritt', daß er fortan all' Sünd' will fliehen,
Als wollt' man ihm sein Haupt abziehen,
Das Viert', daß er solche Reu' würde gewinnen,
Daß ihm die Zähren die Wangen ab rinnen,
Das Fünft', wenn ihm alle Leibes Lust würd bittern:
Wenn die fünf Wetter in sein Herz wittern,
So er das heilig Sakrament hat empfangen,
Der Mensch ist christlich zu Gottes Tisch gegangen.

4.

Welcher Mensch nicht glaubt bis an sein Sterben
Daß die Heiligen um Gottes Gnad' mögen erwerben,
Ein Mensch, der in Todsünde fällt
Und wieder nach Gottes Freundschaft stellt,
Und die Heiligen anruft, daß sie Gott für ihn bitten
Und in deß Namen, was sie haben gelitten,
Daß er ihm wiedergeb' sein' Huld,
Und ihm ab tilg' seiner Sünden Schuld,
Ob das Gebet nicht nützlich sei,
Und Gott der Heiligen Gebet verzeih':
Wer das glaubt der sündigt wider Gott,
Viel schwerer denn bräch' er die zehn Gebot,
Und würd' in den sieben Todsünden funden,
Das möcht' seiner Seel' nicht so viel schädlicher wunden.

5.

Welcher Mensch den Glauben in sich treit,¹)
Daß Gottes Mutter sei ein' reine Maid,
Die nie hat gewatet einer Sünden Furt,
Daß sie blieb Jungfrau in der Geburt,
Und noch ein' reine Magd sei,
Die uns geboren hat die drei,
Gott, Mensch und Fleisch in einer Person,
Die sie empfing aus dem obersten Thron,
Und aus ihr lauter Keuschheit gebar:
Wer das nicht glaubt ganz und gar,
So lang als er sein Leben hat,
Der steht am jüngsten Tag schamroth,
So man ausspricht das letzte Urtheil,
Wer da wund wird, wird nimmer heil.

¹) trägt.

6.

Welcher Mensch den Teufel sich läßt berauben,
Daß er zweifelt an dem Glauben,
Daß lebendiger Gott und Mensch nicht sei,
Ganz in der gesegneten Ostei,¹)
Die uns der Priester hier zeigen thut,
War Gott, war Mensch, war Fleisch, war Blut,
Die ganze Substanz von oben hernieder,
Gott Mensch und Fleisch und all' sein' Glieder,
So ganz als ihn die Jungfrau trug,
Und so vollkommen als man an das Kreuz ihn schlug,
Da man ihm wund macht Fuß und Händ':
Wer das nicht glaubt bis an sein End',
Der wird am jüngsten Tag zu der Höll' getrieben,
Und sein Nam' wird aus dem Buch der Lebendigen geschrieben.

¹) Hostie.

7.

Eine Todsünde ward nie so klein gethan,
Ihr hangen fünf Stücke hinten an.
Das erst ist daß sich der Himmel verschließt,
So schnell als ein Donnerstrahl schießt.
Das ander daß die Seele nimmer theilhaftig ist,
Was alle Christenheit singt oder liest.
Das dritte das ablischt all' Lieb' und Begier,
Die Gott ihr Schöpfer hat gehabt zu ihr.
Das vierte daß alles ab ist gestorben,
Das Gott am Kreuz ihr hat erworben.
Das fünft daß all' höllische Feind' zutraben,
Und fortan Gewalt über die Seele haben,
Sie hinführen in die ewige Hitz' und Frost:
Darum ist Sünde wohl ein' versalz'ne Kost.

8.

Alles Fasten, Almosengeben und Beten,
Und alle die Fußtritt' die je wurden getreten,
In Kirchgang oder auf heiligen Wallwegen,
In Kält', in Hitz', in Wind und Regen,
Und alle Meß die je wurden gesprochen und gesungen,
Von Christen, Griechen, von orientalischen Zungen,
Und aller Märtyrer Blutvergießen,
Die nie den Glauben von sich ließen,
Und alles das man zu gut mag genießen:
Das mag alles nicht einer Sünde hinfließen,
Ohne zwei Ding, das ist Reu' und Beicht',
Das treibt die Sünde hin daß sie weicht,
Daß Gott ihr nimmermehr will gedenken,
Und fortan die Seel' mag nimmer kränken.

9.

Ein Priester, der dreißig Jahr zur Schul' wär' gangen,
Ehe er sein Amt hätt' angefangen,
Und ein Jahr hätt' gereist, gestürmt, gestritten,
Und ein Jahr geraubt und umgeritten,
Und ein Jahr ein bös Ehweib hätt,
Die nimmer nach seinem Willen thät,
Und ein Jahr gedient, da die Arbeit wär' schwer,
Da ein böse Frau und ein zorniger Herr wär',
Und ein Jahr wär' gangen im Bettlerleben:
Der könnte gut Buß in der Beichte geben.

10.

Welcher Priester ist zu krank und zu alt,
Der nicht hat' Papstes oder Bischofs Gewalt,
Der selten in den Büchern liest,
Und allweg gerne trunken ist,
Und in der Schrift ist übel gelehrt,
Und an seinen Sinnen ganz versehrt,
Und nie ein Predigt hat gethan,
Und dazu wär' in des Papstes Bann,
Und an der Beichte säß und schlief,
So man ihm beicht von Sünden tief,
Und nicht wüßt, was eine Todsünde wär':
Der wär' nicht ein guter Beichtiger.

11.

Daß Hölle nicht Hölle geschaffen wär',
Die nimmer nicht mit Pein wird leer,
Und kein böser Geist wäre geschaffen worden,
Die allen Seelen nachschleichen zu morden,
Und kein Fegefeuer wär' in dieser Zeit,
Darin man ein' Quittanzen¹) geit,²)
Und Himmelreich nicht wär' Himmelreich,
Der ewig grundlose Freudenteich,
Und Sünde nicht wäre Sünd' noch Schand',
In Juden-, in Christen- und in Heidenland,
Und Sünde keinem Gott keine Feindschaft macht,
Und dort der Seele kein' Schaden bracht,
Und Gott kein Sünde nie hätt' verschmacht:³)
Noch wär' Sünde besser gelassen denn vollbracht.

¹) Quittung. ²) giebt. ³) verachtet.

12.

Es sagen all' Lehrer und die heilige Schrift,
Daß Sünde sei eine solch' schwere Gift,¹)
Wenn alles, das Wasser, Holz und Stein,
Und alles das Leben hat, Fleisch und Bein,
Und der ganze Kloß²) aller dieser Erden,
Und was je darauf wuchs und noch soll werden,
Wenn das alles wär' ein bleiern Stück
Und läg' einer Seele oben auf dem Rück',
Noch möcht' es sie nicht in die Hölle drücken,
Und also fern von Gott entrücken,
Als eine unbereute Todsünd':
Die drückt sie in die verflucht' Abgründ',
In die ewige Angst, in Pein und Leiden.
Darum wär' Sünde wohl billig zu meiden.

¹) Gabe. ²) Ball, Kugel.

13.

Wer Gott nicht dankt seines ängstlichen Schwitzen,
Und an der Säul' des Besen schmitzen,¹)
Und seiner Eindrückung der Kron',
Das Haupt aller Haupt aus dem höchsten Thron,
Und ihm nicht dankt seines Kreuzaustragens,
Und seines Abziehens und Anschlagens,
Und seiner Ausdehnung und Aufspießens,
Und aller seiner Wunden und Blutvergießens,
Da er allein wollt' für uns sterben,
Und des Stechens in sein' heilige Seiten,
Daraus herfloß aller Seelen Labung,
Und aller Sünden ein' Abwaschung:
Der Mensch hat keinen Theil an aller seiner Marter,
Und ist seiner Seel' ein ungetreuer Warter.

¹) Schlagen mit dem Besen.

14.

Welcher Christenmensch allezeit betracht'
Wie Gott sein Schöpfer hier für ihn fecht,
Mit Geißeln, Hieb, mit gekröntem Haupt,
Da alle himmlische Masenei¹) anglaubt,
Und mit manchem fröhlichen Anrühren,
Und auch mit jämmerlichem Ausführen,
Und mit Abziehen, Pfänden²) und Wunden;
Die am jüngsten Tag steh'n unverbunden,
Mit durchlöcherten Füßen und Händen,
(Wo sah je ein Auge ein schwerlicher Pfänden?)
Und nackend hoch an ein Kreuz genagelt:
Welcher Mensch das in seinem Herzen bedenkt,
Der stift' seiner Seel' ein besseres Seelgeräth,³)
Denn daß er hundert Tag zu Wasser und Brot gefast' hätt'.

¹) Hofdienerschaft. ²) rauben, berauben. ³) Hilfe.

15.

Welcher Christenmensch zu Mitternacht wacht,
Und das Walten Gottes seines Herrn betracht',
Und zur Mettenzeit an sein Herz läßt rühren,
Das sich grausam ließ verführen,
Und zur Preymzeit¹) das mörderliche Geiseln bedenkt,
Da Gott sein' Honigsam' ausschenkt.
Und zur Trozzeit²) betracht' das bitterlich' Krönen
Mit grausam Spotten und mit Höhnen,
Und zur Sextzeit³) bedenkt daß er verurtheilt ward,
Und auch sein' elende Ausfahrt,
Und zur Nonzeit⁴) betracht' sein unschuldig's Sterben:
Der Mensch der tilget ab sein' Kerben,
Daran der Teufel all' sein' Sünde schnitt,
Dankt er der Marter, die Gott für ihn litt.

¹) um die erste Stunde. ²) dritte Stunde. ³) sechste Stunde. ⁴) neunte Stunde.

16.

Welcher Mensch da glaubt an Vogelgeschrei,
Das Sterben bedeut' oder solcherlei,
Und Glauben hat an Waffensegen,
Daß sie ihr Schneiden lassen unterwegen,
Und Glauben hat an verworfene Tag',
Daß Gott sein Glück daran versag',
Und auch das Segen lasset ein
Für den Pülzahn¹) und für das Hauptgeschein¹)
Und ein' Schuh werfen über das Haupt:
Wer an solche Zauberei glaubt,
Und das nicht beicht' an sein' letzten End,
Den weist man am jüngsten Tag zur linken Hand,
Tief in den verfluchten höllischen Grund.
Dafür ist Beicht' und Buße gar gesund.

¹) Zwei Kopfkrankheiten.

17.

Lucifer und auch alle sein' Genossen,
Die aus dem Reich Gottes sind verstoßen,
Und alle die in Schwefel und Pech sind ertrunken,
Da die fünf Städt' in der alten Eh'[1]) versunken,
Und alle die Mörder, Wucherer und Eh'brecher,
Die je haben gelebt von Adams Zeit her,
Und alle die verlor'n sind, Mann und Frauen,
Die Gottes Anblick nimmermehr schauen,
Und Judas der Verräther und auch ein Dieb,
Die hat Gott allesammt ewiglich lieb,
Und alles das Böse, das nie die Sonne bescheint,
Ohn' alleine die Sünd', der ist Gott feind,
Mit aller seiner himmlischen Massenei[2])
Nun prüft, ob Sünde nicht ein' böse Krankheit sei.

[1]) im alten Testament. [2]) Dienerschaft am Hofe eines Fürsten.

18.

Wer dem Himmel eine Freud' will machen,
Daß alle Heiligen und Engel lachen,
Und Gott selbst hab' ein Wohlgefallen,
Der soll hin vor einen Priester wallen,
Und vor ihm alle sein' Uebel bedenken,
Und soll die ganzen Bodenneig' ausschenken,
Und ein' wahre Beicht' mit Reu' erzeigen,
Und soll das Lauter' und Trüb' abseigen,[1])
Und alle seine Scharten ausschleifen und wetzen,
Und nimmer Geiz thun für sich setzen,
Der macht dem Himmel ein neues Frohlocken,
Das Gott stift in seiner Gnaden Kocken,[2])
Und holt ihn selbst hinauf zu seinen alten Senaten,[3])
Darum soll niemand Beichtens lang entrathen.

[1]) absondern. [2]) kurzes rundes Schiff. [3]) seinen Heiligen.

19.

Beicht' ist ein solcher würdiger Schatz,
Das sie hin flößt' aller Sünden Aussatz,
Darin die Seele wird also gebad'
Als Gold von vierundzwanzig Karat
Sich lauter scheidet in Feuers Grat,¹)
Das es der sechs Metall frei staht.
Also ziemet sich in der Beicht'
Der Seele, daß alles das von ihr weicht,
Das sie mit Sünden mag vereinen.
Darum wer sich mit Gott will vereinen,
So ist Beicht' der allerbeste Teidingsmann,²)
Den man im Himmel und auf Erden finden kann.

¹) im höchsten Feuer. ²) Vertheidiger.

20.

Daß tausend Berg eitel klar Gold wären,
Und wären einem Menschen hie auf Erden,
Noch möcht' er nicht das Himmelreich darum kaufen,
Er wollt' denn anderweit sich taufen
In rechter Reu', in wahrer Beicht'.
Alles irdisch' Gut nicht als her reicht,
Als wenn der Priester giebt Absolutzen,¹)
Desselben alle Engel dort lachen und smutzen,²)
Wenn man dem bösen Geist entrinnt,
Und Gottes Huld ganz wiedergewinnt,
Als hätte den Menschen kein' Sünde nie entheiligt,
Ein jeglicher Sünder in der Beicht' geheiligt,
Als da man ihn am ersten hat getauft.
Ein jeglicher Mensch mit Beicht' das Himmelreich kauft.

¹) Absolution. ²) küssen.

21.

Die drei Dinge Du gar fleißig üb':
Du sollst ablegen ein billig Gelüb',
Und das gar wohl berathen Dich,
Nicht zu schwer, zu viel und sei billig;
Das ander, daß man darnach leb'
Und ganzen Willen dazu geb';
Das Dritt', wenn man von Glauben walt,
Daß man das ewiglich auch halt.

22.

Vier Dinge sind gar kläglich,
Und allen Menschen gar schädlich:
Ohn' Nutz' verzehr'n des Leibes Macht,
Die Zeit verlieren Tag und Nacht,
Gottes Gnade versäumen ohne Klag',
Und die Sünde mehren alle Tag.

23.

Die Stück' vernichten Städt' und Land:
Ein Richter, der Mieth' nimmt in die Hand,
Ein geiziger Pfaff' mit viel Pfründen,
Ein' schöne Frau im Frauhaus hinten,
Am Markt ein betrüglicher Kaufmann,
Ein Spieler, der falsch spielen kann,
Ein Liebkoser und ein Federlesen
An Fürstenhöfen und in Häuserwesen,
Ein Ketzer, Mörder, Brenner und Verheerer,
Verräter, Dieb', Räuber und Meineidsschwörer,
Und wo heimlich zusammen schwört die Gemein':
Die Ding' möchten nicht wohl böser sein.

24.

Welcher Mensch das heilig Sakrament will genießen,
Dem sollen fünf Zweig' in seinem Herzen aufsprießen,
Das Erst', daß er zwölf Stück christlich glaube,
Ganz glaub und nichts davon raube.
Das Ander', daß er eine wahre Beicht' thu'
Wie er gesündigt hab', wenn oder wo.
Das Dritt', daß er recht halt sein' Buß,
Darum manch' Seel' lang leiden muß.
Das Viert, daß er alles das weiter woll' kehr'n,
Das er wider Gott hat gethan seinen Herrn.
Das fünft', daß er nicht zweifel an der Ostei,[1]
Daß wahrer Gott Blut und Fleisch da sei.
Wenn die fünf Zweig' in seinem Herzen stetig stehn:
So mag er fröhlich zu Gottes Tisch gehn.

[1] Hostie.

25.

Wer Gott nicht dankt seine große Mild,
Daß er ihn zum Menschen hat gebild',
Und ihm hat Leib und Seel' gegeben,
Vernunft, die Glieder, Stärk' und Leben;
Und seine große Marter und Pein,
Damit er vom Teufel ist worden sein,
Und nicht ihm dankt seine große Wohlthat,
Daß er herab kommt in ein Brot,
Seiner armen sündigen Seel' zu genießen:
Wer deß zu danken sich läßt verdrießen,
Und nicht sich fürcht' vor der Sünden Schlägel,
Der Mensch führt keine christliche Regel.

26.

Ein Mensch, der in schweren Todsünden steht,
Und über Jahr ungebeichtet geht,
Und nimmer ein Paternoster spricht,
Und oft die zehn Gebote bricht,
Und ein Gottsschwörer, der da spielt und rast,
Der Gott und all' sein' Heiligen haßt:
Und ein Schächer, der sich Mordens beträgt,
Der selten in Andacht wird bewegt;
Und ein Räuber, der all' sein' Nahrung raubt,
Und ein wilder Heiden, der an Gott nicht glaubt;
Und ein Kindlein, das ohne Taufe verfährt;[1]
Und ein Jude, der sich eitel Wuchers nährt:
Denen allen ist der Himmel nicht so sehr verschrankt[2]
Als einem Christen, der Gott seiner Marter noch nie hat gedankt.

[1] stirbt. [2] versperrt.

27.

Welcher Mensch in der Kirchen kniet,
Und Gott den Herrn aufheben sieht,
Und bitt' am ersten für sein' Feind,
Und für alle die, die wider ihn seind,
Und darnach bitt' für alle die,
Die ihm kein Gutes gethan haben hie,
Und Gott anbetet in der heiligen Ostei,[1]
Daß er ihm ein selig's End' hier verleih',
Und darnach Gott dankt all' seines Guts,
Seiner Marter, seiner Pein, seiner Wunden, sein's Bluts,
Damit er uns von der Höll' hat befrit,[2]
Und darnach für alle Todsünder bitt',
Daß Gott woll' als Uebel von ihn' jäten:[3]
Der Mensch hat gar recht christlich gebeten.

[1] Hostie. [2] befreit. [3] nehmen.

28.

Wer krank ist und dazu geduldig,
Dem ist Gott fünf Stück dafür schuldig:
Das Erst', ein Zeichen sonderlicher Lieb',
Das Gott mit seinen Freunden trieb;
Das Ander', daß Gott mit ihm wird vereint,
Als ein Freund mit einem Freund;
Das Dritt', daß ein Paternoster sei
Der in Gesundheit gesprochener Psalter drei;
Das Viert', ein geduldig' Stund' mehr abwäscht
Denn dreißig Jahr im Fegefeuer ablöscht,
Das fünft', daß Gott dem Menschen verkünd',
Ihm zu erkennen all' sein' Sünd'.

29.

Das Herze fröhlich, der Muth recht ehrlich,
Die Rede züchtig, die Thaten richtig,
Auf Gott vertrauen und auf ihn bauen:
Das sind die Waffen, die Frieden schaffen.

30.

Gott hat drei Orden in die Welt gethan,
Regenten, Priester und Unterthan';
Thät ein Jeder seine Pflicht,
So wär in der Welt alles gut eingericht';
Die Priester sollen beten und lehren,
Und die Bauern die andern ernähren,
Und der Herr soll sie beschützen alle wohl:
Dann geht es, wie es gehen soll.

31.

O Mensch, du sollst hier für Dich üben,
Willst Du Gott dort ewig lieben,
Vier Sach', die mußt Du thun und leiden:
Der Welte Zungen Dich lan¹) verschneiden,
Das Andere, Verschmähung der Welt,
Das Dritte, Dein Sünd' Du allzeit meld',
Das Vierte, Gott's Lästerung allzeit ahnt',
Und läster' Du ewiglichen niemand.

¹) lassen.

32.

Als Gott seine heilige Marter litt,
Und sich von seinen Freunden schied,
Zuletzt fünf Stück' thät er sie heißen,
Und sprach: Ein Jeder thue sich ihr 'fleißen:
Das Erst', so denket oft an mich,
So will ich allzeit behüten Dich,
So werdet ihr lautrer als die Sonn',
Mit meiner Marter ich das gewann;
Das Ander, ihr sollt sein gern allein,
So will ich allzeit bei euch sein,
So empfanget ihr den heiligen Geist,
Daß Dritte, Du nicht viel redend seist,
So wird Dein' Red' desto minder gestraft,
Das Vierte, mit Kümmerniß euch nicht 'haft,
So werdet ihr auch von niemand betrübt;
Das Fünfte, in niemandes Trost euch übt
Denn in meinem Trost allein,
So will euch selber Tröster sein.

33.

Vier Zeichen der Mensch empfind',
Ob er sei wahrlich Gottes Kind:
Das Erst', denk' vor- und hinterwärts,
Und ob er hab' ein friedlich Herz;
Das Ander', daß er sich gar eben hüt',
Daß er hab ein andächtig Gemüth;
Das Dritt', daß er mit Fleiß beschütz'
Vor Argwohn sein' Leib und Antlitz;
Das Viert', gut Geberd' und Sitten bedeuten
Sich selbst und auch anderen Leuten.

34.

Thu' allzeit recht, scheu niemand nicht,
Laß dich nicht irren, was man spricht,
Ob du gleich vielen nicht gefällst:
Wenn du nur Gottes Huld behältst.

35.

Wer sein Leben will recht schlichten,
Der soll sich nach dreien Dingen richten:
Das Erst', wenn der Mensch wird entzünd',
Daß er eines Gangs sein' Zungen bind',
Daß sie fortan nicht rede meh',[1]
Bis daß sein Herz in Frieden steh';
Das Ander', von wem er betrübet wär',
Daß er hinwieder thue Zucht und Ehr';
Das Dritt', so er in Trübsal fall',
Dann alle Hilf' ihm sei ein' Gall',
Daß nur bei Gott sei sein Trost,
Von dem er ewig wird erlöst.

[1] mehr.

36.

Einem getreuen Diener gehören zu
Vier gute Dinge, die er thu':
Das Erst', daß er sein' Herrschaft fürcht'
Und nichts Unbillig's denkt noch wirkt;
Das Ander', Gehorsam soll er zubringen
Und gern in allen billigen Dingen;
Das Dritt', daß er treulich arbeiten soll
Und alle Dinge ausrichten wohl;
Das Viert', daß er wahrhaft sei und getreu,
Und sag' nicht aus die Märlein neu,
Behende Botschaft und nicht vernascht:
Die Dinge Gott an den Ehehalten heischt.

37.

Wer schlechterlei mit bösen Pfaffen
Und mit bösen Mönchen hat zu schaffen,
Es sei von Klagen oder von Rechten,
Und auch mit bösen Mägden und Knechten,
Mit Dirnen und Juden und Advokaten,
Mit Schreibern, Richtern und Prokuraten,
Wer dieser Person' eins oder mehr
Läßt in seinem Haus gehn hin und her,
Oder darin Miethwesen hat:
Der leit[1]) von ihnen Schand', Laster und Spott,
Und fressen ihm ab in kurzer Zeit,
So er ein Narr ist und ihnen das geit[2]);
Will er nicht ein Bettler bleiben,
So thue er am Galgen all's austreiben,
Und mach' sich von ihnen ledig und quitt,
Und sei von solchen Schälken befrit.[3])

[1]) erleidet.   [2]) giebt.   [3]) befreit.

38.

Seelig ist die Hand, die den Mund nährt;
Seeliger ist der Mund, der nimmer schwört;
Noch seeliger, der seine Zeit wohl verzehrt;
Aber seeliger, dem Gott ein seeliges End' bescheert:
Allerseeligst ist, der gen Himmel fährt.

39.

Ein seeliger Mensch gewann den Schaden,
Daß er kam von göttlichen Gnaden.
Da weint' und klagt' er Tag und Nacht.
Da sprach Gott: Wem ich sein' Andacht
Nicht zählt, noch meine Gnad' und süße Zart,
Derselb' Mensch auf fünf Dinge wart',
Daß er die hab' in seinem Herzen:
Das Erst', üb dich mit guten Dingen in Schmerzen,
Und in den Dingen, so find'st du mich;
Das Andre, ein's reinen Herzens befleiß' dich,
Darinnen kein bös Gewissen sitzt,
Darinnen du mich ewig behältst;
Das Dritt', daß du dich allzeit habest bereit,
Was Siechtag' oder was Arbeit
Dir möglich sei zu einer Qual,
Damit du mich bestätigst in deiner Seel'!
Das Viert', so du aus süßem Herzen gedenkst
An mich, damit du mich speist und tränkst;
Das fünft', so du nicht anders kannst,
Und mich deines guten Willen ermahnst,
Damit du mir die Werk' zusagst,
Die du vor menschlicher Natur nicht verbringen magst.

40.

Ein' Schwester ihren Bruder lehret
Fünf Gedanken, damit er Gott ehret:
Der erst' Gedank', so wir zu ihm laufen,
So mögen wir ihn mit Danken rufen;
Der andre, daß wir an allen Stätten
Ihn alle mögen haben und allzeit hätten;
Der dritte, daß wir ihm danken mögen,
Und mit Loben uns zu ihm hin fügen;
Der vierte, daß uns niemand gegen ihn
Verlügen kann in Zornes Grimm;
Der fünfte, daß wir ein' so mächtigen Gott han,
Den uns niemand je nehmen kann.

41.

Ein seeliger Mensch Gott lange mahnt',
Bis ihm von Gott wurde erkannt,
Wie er sein Herz möchte reinigen,
Daß sich Gott möcht' mit ihm vereinigen.
Da sprach Gott: Fünf Dinge mußt du vorbringen:
Das Erst', ein ganz Elend von allen Dingen;
Das Andre, ein Vergessen und nicht Wissen,
Auf Erd' von aller Creatur verflissen;
Das Dritte, ein ganz Aufsehen weit
In dem Ursprung göttlicher Einigkeit;
Das Vierte, ein inbrünstig Verlangen nach Gott;
Das Fünfte, daß dir dies alles sei noth,
Das ich dort bin und thue geben
Hier den Meinen ein peinlich's Leben,
Und dort zu genießen die süß' Figur
Des inneren Markes göttlicher Natur.

42.

Welcher Mensch hier Gottes Leiden bedenkt,
Derselb' Mensch hier von dem Teufel lenkt,
Und thut ihm allzeit widerstreben,
Dem will Gott drei Gnad' darum geben:
Die Erst' will er ihn waschen mit dem Fluß,
Den Gott aus seiner Seiten goß;
Das Andre, er reinigt ihn mit dem Blut,
Das Gott aus seinen Wunden wusch,
Daß der Himmel ewig sein muß werden,
Als da man ihn getauft auf Erden;
Das Dritt', will er durch sein göttlich Mild'
In der Seel' ihm lassen sein eigen Bild.

43.

Welch' Priester sein' Tagzeit fleißig bet',
Fünf Gnad' ihm Gott darum besteht[1]):
Das Erst', daß alle seine Wort'
Von Gott desto williger werden erhört:
Das Andre, daß seine Dinge bestehen
Nach unsern Dingen, desto mehr ergehn;
Das Dritt', was dem Menschen geht zu Handen,
So behüt' ihn Gott vor Sünden und Schanden;
Das Fünft', daß Gott ihm will besonder' Gnad' bedeuten,
Die er nicht giebt anderen Leuten;
Und den Priestern will er geben am End'
Die wahre, seel'ge Himmelsspend'.

¹) gewährt.

44.

Unrecht thut, der ißt und trinkt all' Stund',
Und nicht hat Gott im Herzensgrund;
Und der lacht, tanzt, singt und springt,
Und nicht nach Gottes Hulden ringt;
Unrecht, der ist bei Frauen und Maiden,
Und dabei vergißt Gottes Leiden;
Unrecht, der ficht, streit' und rennt,
Und dabei Gott vergißt und nicht erkennt;
Unrecht, der nach Gut sehr wirbt,
Und doch vor Gott an der Seele stirbt;
Unrecht, der lernt, dicht' und schreibt,
Und nicht in der Liebe Gottes bleibt;
Unrecht, der ist zu einem Priester worden,
Und nicht hält dabei Priesters Orden;
Unrecht, der anträgt geistlich's Kleid,
Und der die Welt im Herzen treit;[1]
Unrecht, der gewinnet großes Gut,
Und nicht hat Gott in seinem Gemüth;
Daß Unrecht für alles Unrecht gaht,
Und nicht Reu' an seinem letzten End' hat,
Und denkt nicht, daß er kommt von Erden,
Und wiederum zu Erd' muß werden.

[1] trägt.

45.

Die groß' Untreu' mit Lügen und Aeffen,
Wie eins das andre mög' fälschlich treffen;
Und Wucher, damit man manchen verderbt,
Davon die Seel' die Hölle ererbt;
Und meiden Recht und falsche Eide schwören,
Das Gott die zwölf Apostel hieß wehren;
Und Ehre abschneiden mit falschen Worten,
Als Daniel wehret unter der Pforten;
Und Ehebrechen, deß man sich jetzt rühmt,
Die man etwa mit den Stein' verdammt;
Und Hoffarttreiben von Armen und Reichen,
Darum Lucifer aus dem Thron mußt weichen:
Die sieben Sünden haben das Unheil bracht,
Darum Gott die Welt an manchen Enden plagt.

46.

Gottes Wort zu hören nicht veracht',
So du betest, thu's mit Andacht;
Sündige nicht auf Gottes Barmherzigkeit,
Deines Nächsten Beschwerd' laß dir sein leid;
Denn wem sein Sinn nach der Weltlust steht,
Und ihm es wohl in seinen Sünden geht,
Der ist ohn' Zweifel wohl gewiß,
Daß er kommt zur ewigen Verdammniß;
Doch ist der Sünder so groß nie,
Hat er Reu' und Leid der Sünden hie,
Aus Gnaden will's ihm Gott vergeben,
Thut er's bei Zeit: Das merke eben!

47.

Ein Mensch, der lieber bös wär' denn fromm,
Und gern taub wär' und stumm,
Und lieber krank wär' denn gesund,
Und gern hat ein' verlogen Mund,
Und lieber blind wär' denn er könnt' sehen,
Und gerner ein' alte Geis hört blähen,
Denn Harfen, Lauten und Clavizimbel,
Und lieber gen Höll' führ' denn gen Himmel,
Und lieber Schand' und Laster trieb,
Denn daß er bei gutem Frieden blieb,
Und lieber lahm wär' an allen Vieren,
Denn daß er gleich lief' wilden Thieren,
Und viel lieber arm wär' denn reich:
Der wär' an Sinnen mir gar ungleich.

48.

Welche Menschen die vier Quatember nicht fasten,
Und an heiligen Tagen mit Sünden rasten,
Und an dem Pfingsttag sich überfüllen,
So sie den heiligen Geist empfangen sollen,
Und an dem Christtag spielen mit Vernunft,
Und Gott nicht danken seiner heiligen Zukunft,
Und Hoffart treiben am Charfreitag,
Und Gott nicht danken mit großer Klag',
Daß er sie erlöst hat mit seinem Blut,
Und die ganzen Fasten kein' Beicht' thut,
Und nicht zu osterlicher Zeit
Zu Gottes Tisch geht und seinen Feinden verzeiht:
Der soll fürwahr wissen und verstehn,
Daß ihm die Gnade Gottes will entgehn.

49.

Ehrlich von Geblüt,
Redlich von Gemüth,
Und von Herzen treu:
Das ist mein' Lieberei.

50.

Ein Vater, der sein Kind gern lehren wollt',
Was es thun oder lassen sollt',
Und ein' Mutter, die allweg weist und lehrt,
Wovon sich Glück und Seligkeit mehrt,
Und ein Prediger, der auf der Kanzel ausschreit,
Warum uns Gott sein Himmelreich geit,
Und ein Beichtiger, der da lehrt in der Beicht',
Wie man gen Gott und gen der Welt reicht,
Und ein Gewissen, daß ein jeder Mensch trägt,
Das allweg wider die Sünde schlägt,
Und ein Engel, der ein' Jeden ist gegeben,
Der allweg wider das Uebel soll streben,
Wer den sechs Lehrern nicht folgt mit ihren Lehren,
Der muß am jüngsten Tag ewig von Gott kehren.

51.

Gottes Gunst,
Gute Kunst,
Wahrer Mund,
Leib gesund,
Frommes Herz:
Sind das Beste allerwärts.

52.

Leide, meide, schweige und ertrage,
Deine Noth niemandem klage,
An Gott, deinem Schöpfer nicht verzage,
Denn Glück kommt alle Tage.

53.

Meid' Thoren und auch Thoren Kind,
Streit mit Niemand um den Wind;
Weisheit ich dich lehren soll,
Vor Deinem Feinde hüt' dich wohl,
Groß' Reichthum und auch groß' Armuth
Diese zwei sind niemand gut.
Aber es ist jetzt der Welt Lauf,
Einer ab und der andere auf;
Heute reich und morgen arm.
Jetzund kalt, darnach warm;
Heute trocken, gesund, krank und naß,
Morgen gestorben, darnach ein Aas;
Heute Lieb' und morgen Leid:
Das ist der Welt Beständigkeit.

54.

Sehen, hören und wünschen umsunst,
Gedenken Weisheit und lehren Kunst,
Fromm gegen Gott und Mäßigkeit,
Wahrheit, Zucht und treue Arbeit,
Und fromm' Eh'leut', die gute Kinder gebär'n:
Die vierzehn Dinge kann niemand wehr'n.

55.

Gottes Gnad' und gesunder Leib,
Reinliches Bett und ein schönes Weib,
Tägliches Brot und guter Wein:
Was kann besser auf Erden sein?

56.

Wem Glück ist bescheert,
Der ist daheim, wo er fährt,
Will Glück nicht zum Mann,
So hilft ihm nichts, was er kann.
Doch niemand erleben mag
Dreißig Jahr und einen Tag,
Ihm gebrech' Leib's oder Guts,
Und auch Weisheit oder Muths.
Wir streben auf Erden nach nichts so sehr
Als nach Gut, Hoffart und Ehr'.
Und so wir denn alles nun erwerben:
So legen wir uns dann nieder und sterben.

57.

Wenn alle Leute wären gleich,
Und wären sämmtlich reich,
Und wären alle zu Tisch gesessen:
Wer wollt' auftragen Trinken und Essen?

58.

Wer recht will halten die zehn Gebot,
Derselbe soll glauben an einen Gott;
Will er sich vor der Hölle erwehren,
So soll er bei Gott nicht Meineid schwören;
Will er sein' Seele von Sünden spalten,¹)
So soll er sein Feiertag recht halten;
Er soll auch Vater und Mutter ehren,
Das heißet Gott die Kinder lehren;
Gott der will dort gar ernstlich rächen,
Töten, Stehlen und Ehebrechen;
Will er sein Herz von Sünden lehren,
So soll er nicht fremder Hausfrau begehren;
Will er dann fliehen vor ewiger Pein,
So soll er kein falscher Zeug' nicht sein;
Ist er seiner Seele ein getreuer Hüter,
So soll er nicht begehren fremder Güter.
Das sind die zehn Gebote nach Moses Lehr;
Wer da eins bricht oder mehr,
Dem wird der Himmel zugeschlossen,
Und alles Blut, das Gott hat vergossen,
Das ist all's ganz und gar an ihm verloren,
Er würd' denn anderweit aus der Beicht' geboren.

¹) reinigen, befreien.

59.

Wer sich so halten könnte,
Daß er aller Dinge ledig stünde,
Und ließe einen Jeden gehen seinen Lauf:
Der hätte allezeit den besten Kauf.

60.

Essen und Trinken ohn' Dankbarkeit,
Als uns die heilige Schrift sait,¹)
Und ohn' Andacht zu der Kirchen gangen,
Mit großer Hoffart und mit Prangen,
Und Predigt hören und daran nicht kehren,
Als uns denn die frommen Priester lehren,
Und Almosen geben zu Ruhm und zu Gesicht,
Als oft von manchem Menschen geschieht,
Und Rath geben aus falscher Treu',
Und Beichten ohn' Scham und ohn' Reu':
Die Werk' sind Gott so lieb und genehm,
Als wenn eine Sau in die Judenschul' käm'.

¹) sagt.

61.

Ein Sünder, der in seinen Sünden verzagt,
Und ein Priester, der aus der Beicht' sagt,
Und ein Müller, der da fälschlich mißt,
Und einer, der an der Uneh' sitzt,¹)
Und einer, der freylich in dem Bann leit²)
Um rechte Sach' und nichts drum geit,³)
Und ein Richter, der dem Armen sein Recht kürzt,
Und ihm ein Hütlein darüber stürzt,
Und ein Herr, der neue Zöll' stiftet,
Damit er Land und Leut' vergiftet:
Fahren die sieben in Himmel an der Engel Schaar,
So fährt je ein frommer Karthäuser auch dar.

¹) Concubinen hält. ²) liegt ³) giebt.

62.

Was man erwirbt mit Geläusch,
Mit Lobe, mit Metten, mit Unkeusch',
Und gar bös und heimlich:
Deß wird man selten mit Segen reich.

63.

Wer gut und barmherzig sei,
Der wohne den Fürsten selten bei,
Die geizig und hoffärtig sein,
Sein Herz gewinnet manche Pein,
Wer gern gerecht sei überall,
Der geh' hinaus und räum' den Saal,
Manch' Unkost und manche Schande,
Wird bedeckt in schönem Gewande,
Man ehret manchen Mann,
Da man doch wird betrogen an,
Wenn er mit süßen Worten trügt,
Und Gaben nimmt und darnach lugt.
Welcher Mensch thut allsam:[1]
Dem wird Gott und die Welt gar gram.

[1] also.

64.

Hüt' dich vor Lab' und Trinkens viel,
Sei mäßig, nüchtern, dazu still,
Bad' wenn du willst, laß nur kein Blut,
Warm Speis, Gewürz dem Leib wohlthut.

65.

Es ist auf Erd' kein' besser List,
Als wer seiner Zunge ein Meister ist.
Viel wissen und wenig sagen,
Nicht antworten auf alle Fragen;
Was du redest, das mache wahr,
Was du kaufst bezahle baar,
Laß einen Jeden sein, was er ist:
So bleibst auch du, was du bist.

66.

Hab' am Gericht ein' weisen Muth,
Wehr dich deß, der dir Unrecht thut,
Daß du nicht ein rechtes Recht verliest,[1])
Und sieh gar wohl, daß du's genießt,
Und gieb den Taglohn deinem Knecht,
Gieb andern auch, was dir däucht recht,
Und merk' daß dich kein Zorn bestaht,
Wenn all' dein' Weisheit ein Ende hat,
Und fürchte Gott vor allen Dingen:
So mag es nimmer dir mißlingen.

¹) verlierst.

67.

Ach Elend, berichte mich,
Wie lange soll ich bauen dich?
Wär' Elend für Trauern gut,
So wär' ich auch wohlgemuth.
Oder hätten die Armen so gut leben,
Als es den Reichen ist gegeben,
Hätt' ich dann die Wahl der zweier gleich:
So wär' ich lieber arm als reich.

68.

Nicht leug',
Sei gerechter Zeug',
Sei wahrhaftig und fest:
Das ist das allerbest.

69.

Ein frommer Dienstknecht getreu und wahrhaft,
Der allweg gehorsam ist seiner Herrschaft,
Und ein' fromme Jungfrau, die sich also stellt,
Daß sie Gott und der Welt wohl gefällt,
Und eine fromm' Eh'frau, die nicht nachgeht,
Denn was ihrer Ehre wohl ansteht,
Und ein frommer Priester, der nicht Sünde gethan,
Und auf der Kanzel wohl reden kann,
Und ein frommer Mönch, der seinen Orden hält,
Und sich von allen Sünden spelt,[1])
Und ein frommer Pilger, der auf dem Gottesweg,
Der die Nacht halb auf den Knien läg',
Und ein frommer getreuer Arbeiter,
Dem kein Arbeit dünkt zu schwer:
Wer die sieben Gäst' in seinem Haus hat,
Der legt ihnen mit Ehren vor Salz und Brot.

[1]) befreit.

70.

Speise ohne Schmalz,
Milch ohne Rahm,
Minne ohne Küssen,
Darnach kann Niemand gelüsten.

71.

Wer gern spielt und ungern gilt,[1]
Und Juden lobt und Pfaffen schilt,
Und ungern betet und gern schwört,
Und also seine Zeit alle verzehrt,
Und ungern fastet und gern leugt,
Und Kirchen, Meß und Predigt fleucht,
Und früh und spät ist gern voll:
Der taugt zu keinem Karthäuser wohl.

[1] bezahlt.

72.

Liebe ohne Treue,
Beichte ohne Reue,
Beten ohne Frömmigkeit:
Sind drei verlorne Arbeit.

73.

Die Liebe, die die Menschen zu einander haben sollten,
Die an dem jüngsten Tage wohl wird vergolten,
Und die Liebe, die man zur Gerechtigkeit
Sollt' haben, als uns die heilig' Schrift sait,[1]
Und die Liebe, die Vater und Mutter und Kind,
Schwester und Bruder und was da sind
Zusammen sollten haben von Natur,
Darum, daß sie alle sind einer Figur,
Und alle die Liebe, die man zu Gott soll' haben,
Darnach ein jeder Mensch soll jagen,
Als man oft predigt vor uns allen:
Die Liebe ist alle auf den Pfennig gefallen.

[1] sagt.

74.

Kommt Kunst gegangen vor ein Haus,
So sagt man ihr, der Wirth sei aus;
Kommt Weisheit auch gezogen dafür,
So find't sie zugeschlossen die Thür;
Kommt Zucht und Ehr' derselben Maß,
So müssen sie gehn dieselbe Straß';
Kommt Lieb' und Treu', die wär' gern ein,
So will Niemand ihr Thorwart sein;
Kommt Wahrheit und klopfet an,
So muß sie lang vor der Thüre stahn;
Kommt Gerechtigkeit auch vor das Thor,
So find't sie Ketten und Riegel vor;
Kommt aber der Pfennig geloffen:
So find't er Thür und Thor offen.

75.

Welcher Mann hat ein Taschen groß und weit,
Und selten Pfennig darinnen leid't,
Und Töpfe und Krüge hat, die da rinnen,
Und faule Maid hat, die da ungern spinnen,
Und eine Tochter hat, die da gern leugt,
Und einen Sohn hat, der all Arbeit fleucht,
Und unter dem Gesind' ein' heimlichen Hausdieb,
Und ein' Frauen, die ihn nicht hat lieb,
Die einen andern heimlich bei sich hat:
Der Mann hat gar ein' bösen Hausrath.

76.

Alters Freud' und Abendschein
Mögen einander wohl gleich sein.
Sie trösten wohl und fahren hin,
Als im Regen eine müde Bien'.
Wir wünschen Alters alle Tag',
Und sein' Ankunft macht uns neue Klag';
So wird auch leider unsre Jugend
Oft verzehrt mit mancher Untugend.
Wer diese in sein Alter bringt,
Von ew'ger Freude der sich lenkt.
Alter allen Dingen ihre Kraft
Nimmt, und schwächet meisterhaft.

77.

Das Ende bedenk', und sündige nicht,
Schwer ist, zu fallen in des Herrn Gericht,
Uebe Dich mit Fleiß in des Herrn Gebot,
Flieh' Sünde, daraus kommt Schand' und Spott.
Von Weltsorgen mache Dich frei,
Dein Testament stets fertig sei,
Thu' Buße und steh' von Sünden ab,
Der Tod plötzlich nach Dir schnappt.
Dein' Buß' nicht spar' bis auf die Letzt,
Die göttliche Gnad' wird bald verscherzt.
Gedenk' an den Zorn, der kommen wird,
Ergreif' Christus, den Seelenhirt.

78.

Es ist kein erschrecklicher Ding,
Daß sich der Mensch wiegt so gering,
Daß er nicht von seinen Sünden läßt,
Und doch in Gefahr seines Lebens steht;
Willst Du böse Anfechtung überwinden,
So laß' Dich nicht müssig finden,
Und was Du thust fang' weislich an,
Betracht' das End', wie's hernach wird gahn;
Denn wenn der Mensch betracht' was er wär',
Und von wannen er kommt her,
Oder was aus ihm soll werden:
So wird er frommer auf Erden.

79.

O Mensch, Dein letztes End' bedenk',
Mit Sorg' und Geiz Dein Herz nicht kränk'.
Gottes Furcht die rechte Weisheit ist,
Nach Weisheit tracht' ein jeder Christ.
Alle Stund' zum Sterben sei bereit,
Denn Du weißt nicht des Todes Zeit.
Vom Bösen laß, lern' Gutes thun,
Der Tod nicht säumet, das bedenke nun,
Hast Du gesündigt, so höre auf,
Thu' Buße, flieh der Gottlosen Hauf',
Halt Dein Glaub' und Gewissen rein:
Christus Dein Trost und Theil will sein.

II. Theil.

Priameln vermischten Inhalts.

1.

Der Kaiser will haben sein' Treu' und Pflicht,
Der Pastor will haben sein frei Quitt,
Der Edelmann spricht ich bin frei,
Der Jud' treibt seine Wucherei,
Der Soldat spricht ich gebe nichts,
Der Bettler spricht ich habe nichts;
Da spricht der Bauer, das muß Gott walten,
Muß ich diese alle erhalten,
So geb' ich mich geduldig darein,
Und wollen's also zufrieden sein.

2.

Wo allweg gut Gericht ist in einer Stadt,
Und in der Gemeind' ein weiser treuer Rath,
Und ein Pfarrer, der sich an andres nicht kehrt,
Und allwegs selber thut was er seinen Schäflein lehrt,
Und ein Richter, der da richtet recht,
Arm als Reich und Niemand verschmecht,[1]
Und darin hat recht Maß, Gewicht und Ellen,
Damit man soll ausmessen und hinzählen,
Und Gott darin lieber hat denn das Geld,
Das nun je länger und je fester fehlt:
Seht, wo in einer Stadt diese sein,
Da kommt gar hart ein Unglück hinein.

[1] verachtet, mit Niemand eine Ausnahme macht.

3.

Ein Schneider, der viel Knechte hätt',
Und jeder nach seinem Willen thät,
Und die nicht Lohn nähmen und auch nicht Essen,
Und bei Tage über der Arbeit säßen,
Und mehr möchten machen denn man zu kann schneiden,
Es wär' von Sammet oder Seiden,
Und hätte dann eine fromme Dienstdirn,
Die aus Bast könnt' spinnen guten Zwirn,
Und wollt' er dann fest arbeiten und mäßig zehren:
So würde er sich mit dem Handwerk gar reichlich nähren.

4.

Ein Hafner dem solche Kunst könnt' werden,
Der Häfen könnte machen aus roher Erden,
Und auf der Scheiben sie könnte bereiten,
Daß er sie weder brennen dürft' noch eiten,¹)
Und zwei gemacht eh' denn er einen zerbräch',
Und schön grün könnte machen mit Pech,
Und Krüg' machen die selbst nach dem Brunnen liefen,
Wenn die Hausmägde des Morgens lägen und schliefen,
Und am Tage hätte Käufer genung:
Der würde bald reich, stürb' er nicht jung.

¹) glühen.

5.

Ein Weber dem Gott solche Kunst hätt' geben,
Daß er gut Tuch aus Binsen könnt' weben,
Das Farb' hätt' die man gern trüg',
Und die da niemand verschlüg',
Und in der Farbe auch nicht abnähm',
Und zäh' würde wenn es in's Alter käm',
Und Atlas machte, Zenndel und Taffet,
Und bei der Arbeit ein Wasser laffet,[1]
Wollt' er fest arbeiten und das Weinhaus meiden:
So dürft' er im Alter keinen Mangel leiden.

[1] schlürft.

6.

Ein Schuster, der mit rechten Sachen
Zäh' Leder aus Papier könnt' machen,
Und Schmeer könnt' machen aus Koth,
Der ihm gut wäre zu Leder und Draht,
Und ein' Frauen hätt' die solches könnt' ersinnen,
Daß sie guten Draht aus Heu könnte spinnen,
Daß er der Dreier nicht bedürft' zum Kaufen,
Und gute Schuhe macht, darin man lang' möcht' laufen,
Und mit behender Arbeit ihm niemand wär' gleich:
Der würde gar bald durch das Handwerk reich.

7.

Ein Goldschmied der mit künstlichen Sachen,
Fein Gold aus rohem Kupfer könnt' machen,
Das dreiundzwanzig Karat hätt',
Und auch zu aller Zeit recht thät,
Und Quecksilber also könnte töten,
Daß es sich schmieden ließ und löthen,
Könnte er die zwei Metall' abenteuern,
Daß sie bestünden in allen Feuern,
Sollt' er bei den Künsten allen betteln gehn:
So müßt' es gar übel in der Welt stehn.

8.

Ein Rothschmied, der seiner Sinne könnte genießen,
Daß er alle seine Arbeit aus Pech könnt' gießen,
Und könnte also hübsch es bringen her,
Daß es gleich wie gebranntes Messing wär,
Und also könnte gießen, daß man es nicht dürft' bereiten,
Darnach man oft gar lang muß arbeiten,
Und an dem Gießen nichts verdürb',
Und ihm Niemand die Kunst ab erwürb',
Er wollt' denn gar studfaul[1]) sein:
Er gewönne damit Fleisch, Brot und Wein.

1) Aeußerst faul: altdeutsche Bezeichnung.

9.

Ein Schreiner, der Holz genug hätt' umsonst,
Das edel wär' nach seines Herzens Lust,
Und der sein Handwerk so wohl könnt',
Daß ihm Jedermann seines Lohn's wohl gönnt',
Und nimmer kein' böse Arbeit nicht macht,
Aus allem Holz, krumm oder schlecht,
Und hauen und hobeln so sanft thät',
Als ob er trünk' Wein und Meth:
Wollt' er arbeiten, daß ihn der Schweiß würd' netzen,
Der braucht nimmer ein Pfand bei den Juden versetzen.

10.

Ein Bauer, dem Gott solche Kunst wollt' fügen,
Daß ihm die Acker ungeackert trügen,
Und ihm kein' Frucht auf dem Feld verdürb',
Und ihm nimmer kein Vieh abstürb',
Und ihm kein Wolf wohnet bei,
Und wäre vor allen Räubern sicher und frei,
Und das Jahr über in gutem Frieden säß,
Und mäßig trinken würd' und äß,
Und ihm sein Herr alle Jahr Schuld ließ fahren:
Der möcht' im Alter wohl etwas für sich sparen.

11.

Wo die Landsknechte sieden und braten,
Und die Geistlichen in weltlichen Sachen rathen,
Und die Weiber führen das Regiment:
Daraus wird selten ein gutes End'.

12.

Wer baden will einen Rappen weiß,
Und daran legt sein' ganzen Fleiß,
Und an der Sonne Schnee will dörren,
Und Wind will in einen Kasten sperren,
Und Unglück will tragen feil,
Und alle Wasser will binden an ein Seil,
Und einen Kahlen will scheer'n:
Der thut, was unnütz ist, gern.

13.

Nadel in der Taschen,
Wasser in der Flaschen,
In dem Winter ein Strohhut:
Bedeutet große Armuth.

14.

Wer bösen Weibern giebt seinen Rath,
Und den Schweinen seine Saat,
Und den Böcken seinen Garten:
Der mag wohl kleines Glückes warten.

15.

Blinden Pferdes Scheu,
Rothen Haares Treu',
Und ein heilig — Dirn:
Die sind drei selten Figur.

16.

Ein böhmisch Mönch und schwäbisch Nonn',
Ablaß, den die Karthäuser han,
Ein polnisch Brück' und wendisch Treu',
Hühner zu stehlen, Zigeuner Reu',
Der Welschen Andacht, Spanier Eid,
Der Deutschen Fasten, kölnisch Maid,
Ein' schöne Tochter ungezogen,
Ein rother Bart und Erlenbogen,
Für dieser Dinge noch so viel
Giebt niemand gern ein' Pappenstiehl.

17.

Wer im Lenze spazieren geht,
Und im Sommer Fische fäht,
Auf den Herbst nach Vögeln stellt:
Der sehe, was den Winter auf sein' Tische fehlt.

18.

Im Lenz geh'n Klingen schlagen,[1]
Im Sommer Fische fangen,
Im Herbste Vogelstellen:
Verdirbt manch' guten Gesellen.

[1] Landstreichen.

19.

Hirschennieren, Hasenlungen,
Hechtenleber, Karpfenzungen,
Malvasier und Gretchens Maul:
Brachten manchen um den Gaul.

20.

Gedächten wir guter That so lange,
Als der Uebelthat, die mit Zwange[1])
Unserm Herzen wohnet bei:
So wären wir manches Leides frei.

[1]) Bedrängniß.

21.

Ein Hirsch eine Unke fleuhet,
Einen Löwen er wenig scheuet;
Ein klein Ding fürchtet mancher Mann,
Der Furcht vor Gott niemals gewann,
Als er wohl haben sollte:
Wär', daß er's merken wollte.

22.

Im Jänner ohn' Noth kein' Ader laß,
Mit Arznei, Baden halt' recht Maß,
Den Magen stärk' ohn' Unterlaß;
Züchtig beim Weib, schlaf' nicht zu lang,
Iß gewürzte Speis, trink' guten Trank:
So wirst Du alt und selten krank.

23.

Freunde in der Noth,
Freunde in dem Tod,
Freunde hinter'm Rücken:
Das sind drei feste Brücken.

24.

Gottes Huld, christliche Geduld,
Gesunder Leib, ein züchtig Weib,
Ein rein Gewissen dabei,
Von Schulden und von Sorgen frei:
Das ist ein edler Schatz auf Erd',
Der besser ist denn Goldes Werth.

25.

Wer einen Apfel schält und ihn darnach nicht isset,
Und bei der Jungfer sitzt und sie nicht recklich küsset,
Hat bei sich eine Kann' voll guten, süßen Wein,
Und schenkt nicht, wann ihn dürst', von selbem tapfer ein:
Der mag mir wohl ein Tropf und fauler Kerle sein.

26.

Wer so lange ist in Hoffart,
Bis er gewinnet groben Part,
Und hat allein sein Gut gespart,
Und nicht dabei sein' Seel' bewahrt:
So hat er Sorge und groß' Arbeit
Leider nicht wohl angeleit.[1]

---

[1] angewandt.

27.

Eine Mühl' ohne Gang,
Eine Schell' ohne Klang,
Ein Land ohne Knaben:
Da kann man nicht viel Lust zu haben.

28.

Ein Schreiber ohne Feder,
Ein Schuster ohne Leder,
Ein Landsknecht ohne Schwert:
Sind alle drei keinen Heller werth.

29.

Förster und Jäger,
Amtleut' und Heger,
Redner und Pfleger,
Tutor und Prokurator,
Verwalter und Curator,
Haben nicht großen Lohn,
Werden doch bald reich davon.
Rathe, wie es mag zugahn?
Ihre Ränke weiß nicht Jedermann.

30.

Feuer machen und nicht brennen,
Lieb' haben und nicht erkennen,
Vorübergeh'n und nicht ansprechen,
Möchte manchem das Herze brechen.

31.

Schöne Weib' und schöne Roß',
Feiertag' und aller Kleidung bloß,
Früh zum Essen und Trinken laufen:
Den sieht man nicht viel Erbes kaufen.

32.

Müssiggehen und zarten Leib gezogen,
Und allzeit vor der Arbeit geflogen,
Und wohl gekleid' und hübsch geziert,
Damit man nun der Welt hofirt,
Und gesunden Leib und nichts gelitten,
Und der sieben Todsünd' keine gemieden,
Und Essen und Trinken, und Unzucht treiben,
Das viel geschieht von Mannen und Weiben,
Und des Nachts auf weichem Bett gelegen,
Und des Leibes nach aller Lust pflegen,
Und selten gebet' und oft geflucht,
Und Kirchen meiden und das Weinhaus gesucht,
Darwider ich auch selten streb':
Wen Gott sein Himmelreich darum gäb',
So würde mancher gen Himmel geführt,
Der sonst dem Lucifer zu Theil würd'.

33.

Ein Kürschner und ein Sommer heiß,
Und auch ein Gärtner und ein Geis,
Und Holzschuhmacher und trockner Weg,
Und Wagenleut' und tiefer Dreck,
Und Wolf und Gäns' auf einer Peunt:[1]
Die werden gar selten gut Freund.

[1] Plan, Wiese.

34.

Unrechter Gewinne,
Und unrechter Minne,
Und Untreue ist so viel,
Daß sich ihr Niemand schämen will.

35.

Mich wundert oft wie das besteht,
Daß mancher zu den Leuten geht,
Und meint ihnen Schimpf' und Freud' zu machen,
Daß Jedermann seiner Wort' sollt' lachen,
Und er der rechten Maß nicht kann,
Damit man fröhlich macht den Mann,
Und Niemand vor ihm hinzu mag kommen,
Vor seinem Geschwätz und seinem Brummen,
Und hat doch weder Form noch Gestalt.
Und hätt' ich über ein' solchen Gewalt:
Ich straft ihn mit der Kunsten Stecken,[1]
Daß er des Pfeffers Brüh' müßt' lecken.

[1] Mit dem Stecken der Kunst, der Zucht.

36.

Die Knaben[1] in den hohen Hüten,
Die an dem Tanze toben und wüthen,
Daß oft der Schweiß thut von ihn' rinnen,
Eh' sie der Dirnen Huld gewinnen,
Und oft die ganze Nacht umschliefen,[2]
Und werden oft begossen, daß sie triefen,
Mit Lauten, Harfen, Clavizimbel:
Den' wird die Höll' saurer denn der Himmel.

[1] Junge Leute. [2] umherschwärmen.

37.

Große Arbeit weichen Leuten,
Und harte Bärt' auf linden Häuten,
Härter' Wegschollen und linde Füß',
Und große Sünd', der man nicht büß',
Fuß zwängen und Haar mit Schwefel machen,
Und enge Wamms, daß die Nestel krachen,
Und man der Pein nicht bergen kann,
Und all' Nacht auf der Gassen gahn,
Es regne, schnei', kalt oder warm,
Und in dem Haus so kläglich arm,
Zu Unzeiten lang in die Nacht gesessen,
Und Weib und Kind viel Warm's gegessen,
Bricht ihm und aller Welt denn ab,
Daß man nur Geld den Dirnen gab,
So kommt er denn, und lauert und horcht,
Auf Schlagen, Werfen er sich besorgt;
Derselb' Mensch steht so müßig freilich,
Vor Gott und allen seinen Heilig',
Die lassen ihn wohl die Wänd' angaffen,
Und alles, das Gott hat erschaffen,
Und auch das Himmelreich, Gottes Haus,
Denn der Teufel schlägt sein nicht aus.

38.

Morde, raube, henk' und stiehl,
Und treib all' Bosheit, wo man will,
Und treib das also lange Zeit an,
Bis daß Du wirst ein alter Mann:
Hast Du Geld, Kleinod, und ein' gute Watt,¹)
Die Herren nehmen Dich noch im Rath.

¹) Kleidung.

39.

Seid beide, Vater und Kind,
Einander untreu sind,
Und Bruder wider Bruder strebet,
Und mancher mit manchem übel lebet,
Und sich die Welt noch allesammt,
Noch keiner schlechten Sünde schämt;
Wie viel man Treue bricht,
Daß die nun niemand richt',
Seit römisch Wesen sieget,
Und Unglaube steiget,
So sollt ihr wissen ohne Streit:
Uns kommet bald des Fluches Zeit.

40.

Kein Pfaff' ward nie so krank und alt,
So ward kein Winter nie so kalt,
Dieweil das Opfer auf dem Altar währt,
Daß er vor Kält' nach Kohlen begehrt.
Ließen die Bauern ihr Opfer unterwegen:
So gäb er ihnen gar bald den Segen.

41.

Weisheit und Witz von trunknen Leuten,
Und Wiedergeben von der Beuten,
Und auch alter Weiber Schön',¹)
Und zerbroch'ner Glocken Getön,
Und junger Weiber Witz und Sinn,
Und alter Männer Lieb' und Minn',
Und alter, träger Pferde Laufen:
Der Dinge soll man nicht theuer kaufen.

¹) Schönheit.

42.

Wenn Zorn, Haß und Neid
In allen Klöstern geleit,¹)
Und Hinterrede, verkehrtes Wort:²)
So ist aller Ding ein Ort.³)

¹) gelitten wird. ²) das Wort im Munde herumdrehen. ³) So darf man auch noch andere üble Dinge dort erwarten.

43.

O Welt! Dein Name heißt Spotthilt,¹)
Mein Zung' dich lobt, mein Herz dich schilt;
Nun wollt' ich gerne sehn den Mann,
Der aller Welt recht thuen kann;
Die Arbeit wäre gar verlor'n,
Wer harten Stahl mit Blei will bohr'n;
Dasselbe ging' viel rechter zu,
Denn daß er aller Welt recht thu'!

¹) Spott, Schande.

44.

Dem Blinden ist mit Schlafen wohl,
Wenn er wacht, ist er Trauerns voll;
Viel besser ist ein's Igels Haut,
Denn eine ungerathne Braut.
Wenn Unkraut wächset ohne Saat,
So gutem Korn es übel gaht.
Durch Spiel und schöner Frauen Lieb'
Wird mancher zu ein' Schalk und Dieb,
Wer vor Sünden feiern mag:
Daß wär' ein rechter Feiertag.

45.

Hätten wir alle einen Glauben,
Gott und den gemeinen Nutzen vor Augen,
Gut' Fried' und recht Gericht,
Ein' Elle, Maß und Gewicht,
Ein' Münz' und gut Geld:
So stünd' es besser in der Welt.

46.

Wo Du nicht Treue findest bei,
Da laß davon, wie lieb es Dir sei.
Weh' ihm, der das je lieb gewann,
Das er nicht täglich sehen kann!
Ach Gott, wie gern ich wissen wollt',
Auf wen ich mich verlassen sollt'!
Mancher thut auch sorgen um mich,
Besser wär', er sorgt' um sich.
Der möcht' viel lieber längst sein todt:
Wer gern hätt', und nicht hat.

47.

Eine junge Maid ohne Liebe,
Und ein großer Jahrmarkt ohne Diebe,
Und ein alter Jude ohne Gut,
Und ein junger Mann ohne Muth,
Und eine alte Scheuer ohne Mäus',
Und ein alter Pelz ohne L—s,
Und ein alter Bock ohne Bart:
Das ist alles wider natürlich Art.

48.

Zeit verlieren selten,
Und Niemand wiederschelten,
Im Kummer tragen guten Muth,
Und den lieben, der leid ihm thut,
Fröhlich sein in Widerwärtigkeit:
Das ist geistlichen Lebens Vollkommenheit.

49.

Ein Weintrinker und eine Boden-Neige,
Ein Wagenmann und eine hohe Steige,
Und ein Jäger und durchlöchertes Garn,
Da allwegen die Hasen durchfahr'n,
Und ein Gerber und durchlöcherte Häute,
Und reiche Bürger und arme Edelleute,
Und Hund und Katze auf einem Misten,
Und böse Juden und fromme Christen,
Und arme Kaufleut' und großer Zoll:
Die vertragen sich selten mit einander wohl.

50.

Sei mehr als du heißt,
Verschweig, was Du weißt,
Hab' mehr, als Du leihst,
Sei reisig zumeist,
Trau, schau, was man preist,
Nicht würfle zu dreist,
Laß Dirnen und Wein,
Und halte Dich ein:
So find'st Du den Stein
Der Weisen allein.[1]

[1] Shakesp. König Lear I. 4.

51.

Wenn man einen Einfältigen betrügt,
Und man einen Frommen belügt,
Und Feindschaft zwischen Eheleuten macht:
Der dreier Arbeit der Teufel lacht.

52.

Das Alter ist so gethan,
Daß es zu einem Kinde macht manchen weisen Mann,
Und macht in neues Gewand Schaben,
Und macht stille manchen freien Knaben,
Und macht manchen Wilden zahm,
Und macht manchen Geraden lahm,
Und macht manchen guten Diener thöricht:
Das ist des Alters Zuversicht.

53.

Wer sein Gut in diesen Jahren
Vor den Dieben kann bewahren,
Nichts darf geben den Soldaten,
Gerichtsschreibern und Advokaten,
Lebet gesund, hat treues Gesind',
Ein freundliches Weib, gehorsames Kind,
Ein eigenes Haus, dazu sein Brod:
Der sei vergnügt und danke Gott.

54.

Das Vergangne beträchtlich erachten,
Das Zukünftige wohl und reif betrachten,
Das Gegenwärtige wohl ordiniren:
So kann man ein gut und ruhig Leben führen.

55.

Sanguineus, der Mensch von Luft,
Der Mensch ist dürr, und hat nicht Duft;[1]
Colericus, der Mensch von Feuer,
Ist heiß, und Kälte ist ihm theuer;[2]
Flecmaticus, der Mensch von Wasser,
Ist feucht, und sein' Natur ist nasser,
Melancolicus, der Mensch von Erd',
Desselben Natur ist matt und schwerd.[3]

[1] wenig Lebenssäfte. [2] hat wenig Kälte; [3] schwerfällig.

56.

Emsig beten und früh aufstehn,
Almosen geben, Kirchengehn,
Helfen aus Noth und stehen auch schön.

57.
Ein Stand, der ohn' Gefahr,
Ein Capital, das baar,
Ein Essen, das fein gar,
Ein Trunk, der rein und klar,
Ein Weib unter zwanzig Jahr:
Das ist ein Glück, das rar.

58.
Wer von den Schneidern Hosen kauft,
Und von den Meßnern Wachs, das abträuft,
Und Edelsteine, Perlen und Ringen
Kauft von Knaben, die täglich nach Brod singen,
Und von den Webern Garn und Knäul,
Und von einem Müllerknecht kauft Klei',
Und von ein's Wirths Knecht Hafer und Heu,
Und Bier von ein' Knecht ein's Bierbräu,
Und kauft von ein' Weinbuben Wein:
Die Ding' mögen wohl alle gestohlen sein.

59.
Baderknecht' und Pfaffenweiber,
Witwen, Mägd' und Eseltreiber,
Seigammen und Wirthes Kinder,
Klosterköch' und Bäckers Rinder,
Müller's Pferd' und ihre Hennen,
Thun selten gut auf andren Tennen.

60.

Heut' so sind wir gut Gesellen,
Und morgen wieder fort wir wallen.
Die Wahrheit ist gen Himmel gezogen,
Und die Treu' ist über's Meer geflogen.
Frömmigkeit ist todt und gar vertrieben,
Untreu ist bis zuletzt geblieben.
Wenn ich möcht' haben ein' Eisenhut,
Der für Lügen und Trügen wäre gut,
Und einen guten Schild fürs Schelten,
Den wollt' ich theuer und wohl vergelten;
Und möcht' haben ein' Panzer und Kragen,
Für alles Siechen und Wehklagen,
Und ein Küraß' für ein böses Weib,
Daß darin sicher wär' mein Leib,
Und für alles Unglück ein schnelles Pferd,
Was in der Welt hin und her fährt,
Und allem Uebel möcht' entlaufen,
Das wollt' ich einem theuer g'nug abkaufen;
Und für das Alter ein' gute Salben,
Die wollt' ich streichen allenthalben;
Und für den Tod ein gutes Schwert:
Dies all's wär' tausend Gulden werth.

61.

Gott gebe, daß ich lange leb',
Daß ich wenig hab' und viel geb',
Und viel weiß und wenig sag',
Und antwort' nicht auf alle Frag'.

62.

Es wundert manchen noch bis heut,
Daß Bürger schöner sind denn Edelleut'.
Das hat ein' hübschen, klugen Sinn,
Gar mancher Herr zieht ein zu ihn',
Und zehret lang in einer Stadt,
So der Bürger sitzt in dem Rath,
Oder mit Kaufmannschaft auszeucht,
Dieweil sein Weib kein' Herren scheucht,
Den sie hat lieber denn den Mann,
Das mögt ihr selber wohl verstahn.
Eine versagt, eine gewährt,
Also red' man heuer und 'fährt,
Daß die Bürger viel edler sind.
Manch' Bürger ist ein's Fürsten Kind,
Der in einer Stadt ein Bürger ist,
Und pflegt mit Handel manche List,
Und ist ein wohlgeschickter Mann:
Wer kann es aber all's verstahn?

63.

Wenn ich hätt' aller Jungfern Gunst,
Und aller Meister Kunst,
Und aller Künstler Witz:
So wollt' ich ein Haus bauen auf ein' Nadelspitz'.

64.

Minne ohne Treue,
Beichte ohne Reue,
Feuer ohne Flammen:
Die taugen nichts zusammen.

65.

Wer auf das Eis bauet,
Und schönen Frauen trauet,
Aus leeren Bechern trinket,
Und einem Blinden winket,
Und mit Weibern rauft,
Und in Säcken kauft,
Mit einer Karre fährt,
Und sich von Unzucht nährt:
Dem ist viel Unglücks bescheert.

66.

Wenn sollten Juden, Ketzer, Heiden,
Von Gottes Gnaden sein gescheiden,
So hätt' der Teufel ein großes Heer;
Gott gebe, daß uns sein' Gnade nähr'.

67.

Ein Garten ohne Baum,
Ein schöner Gaul ohne Zaum,
Ein Reiter ohne Schwert:
Die drei sind keinen Heller werth.

68.

Welcher Mann sich viel rühmt von Frauen,
Und seine Rede im Hals nicht kann schauen,
Ob es ihm bringt Schaden oder Nutz,
Und will übersehen kein' Trutz,
Heimlich buhlt und gern sagt,
Was er beginnt Tag und Nacht,
Und gern sagt erlog'ne Mähr:
Der ist aller Weisheit leer.

69.

Wer bei dem Bäcker kauft Korn,
Und bei dem Tischler Leim und Horn,
Und bei dem Schuster kauft Schmeer,
Und bei dem Schneider Nadel und Scheer,
Und dieselben nicht vermied,
Und kauft Kohlen bei dem Schmied,
Und bei dem Würfelmacher Bein:
Der reicht mit Kaufmannsschatz gar klein.

70.

Welcher Mann wandert in guter Watt,[1]
Und rühmt sich mehr, denn er hat,
Und prunkt und prahlt auf der Straßen,
Und will viel Trinkgeld in der Herberg' lassen,
Gut Essen und Trinken liebt zu aller Frist,
Und Herr will sein, da billig Knecht er ist,
Und ihm Niemand davon kann winken:
Der muß im Alter aus dem Engster[2] trinken.

[1] Kleidung. [2] kleiner Becher.

71.

Mancher dünkt sich ein weiser Mann,
Hätt' er so wenig als ich han,
Er wär' ein Narr gleich als ich bin;
Reichthum hat mancherlei Gewinn.
Armuth erdrücket Witzes viel;
All' Kunst ohn' Gunst ist Affenspiel;
Gewinn hat mit Gewinn sein' Pflicht,
Ein Kummer ist ohn' den andern nicht.
Gut ohn' Kunst ist der Thoren Glanz;
Kunst mit Gut trägt der Ehren Kranz.

72.

In Leid und Schmerz,
In Freud' und Scherz,
Mein Seel' und Herz
Gedenk' aufwärts.

73.

Trag' nicht lange deinen Zorn,
So bist von Art du wohl gebor'n.
Mit Zorn sollst du dich nicht rächen,
Böse Gelübd' im Zorn sollst du brechen.
Gute Gelübde sollst Du halten,
So magst Du wohl in Ehren alten.
Wenig wisse, doch viel besinn',
Tag und Nacht tracht' nach Gewinn.
Wer dich lobt, dem glaube nicht:
Glaube dem, der dein eigen Herz sieht.

74.

Wer alle Welt veracht' mit Pracht,
Und auf sein' Adel pocht mit Macht,
Und sein Herkommen nicht betracht':
Der wird von aller Welt veracht',
Daß er ein Narr sei Tag und Nacht:
Gagag hat manche Gans gemacht.

75.

Welcher Mann viel junge Kinder hat,
Dem die Sonne eher im Hause ist denn das Brot,
Und jegliches Kind nach Essen grant,¹)
Und er vor²) Ehren und Guts hat gewant,³)
Und her ist kommen mit großer Hab,'
Und an seinen Ehren nimmt ab,
Und um sein' Armuth wird verschmächt,⁴)
Und im Alter muß werden ein Dienstknecht,
Und sich nähren in fremder Leute Häuser:
Der hat einen härtern Orden denn ein Karthäuser.

¹) verlangt. ²) vorher. ³) erhofft, erwartet. ⁴) verachtet.

76.

Wer Theurung wünscht durch seinen Geiz,
Freude hat in Ungewitters Zeit,
Und Reichthum sucht mit Schad' der Gemein':
Geb' Gott, daß er verderb' allein,
Was ich trauer' um ihn, das ist klein.

77.

Armuth in Demuth leben thut,
Demuth hält Lieb' und Fried' in Hut,
Fried' ist des Reichsthums Sammlerin,
Reichthum bringt Muth durch viel Gewinn,
Muth, Uebermuth erzeugt Hoffart,
Hoffart Neid und Haß nicht spart,
Neid mag sich Streites die Läng' nicht wehren,
Streit thut mit Schaden Armuth gebären:
Hiermit die Tochter verschlingen thut
Ihr' Mutter Leib, Seel', Ehr' und Gut.

78.

Wer sein Haus will wohl besachen,¹)
Der häng' zu Fastnacht darein ein' Pachen,²)
Und zu Ostern ein' Zentner Schmalz,
Und zu Pfingsten ein' Scheiben Salz,
Und kauf' ein um St. Jakobstag,
Weiz' und Korn, als er es am Geld vermag,
Und um St. Michel Holz und Kohlen,
Hat er dann noch immer Geld verstohlen,
So kauf' er um St. Gallen Rüben und Kraut,
Das man zu rechter Zeit hat gebaut,
Und um St. Martin ein Faß Wein,
Und um St. Niklastag gemästete Schwein,'
Und schlage ein' Ochsen zu Weihnachten:
So braucht er das Jahr wenig mehr in's Haus tragen.

¹) versehen. ²) Speckseite.

79.

Wenn ein Reicher einen Armen verschmäht,
Und ein Greif eine Mücke fäht,
Und wenn ein Kaiser böse Münze schlägt:
Die drei haben sich selber geschwächt.

80.

Durch Faulheit, Spiel und Frauenlieb'
Wird mancher noch zu einem Dieb,
Das dünket mich ein dummer Muth,
Wer sich selbst solchen Schaden thut,
Seinem Nachbarn zu Schad' und Leid,
Es schad' ihnen und gereut sie beid'.
Wenn mancher hat ein herrlich Amt,
Der sich der Ehren hehlt und schämt,
Was je geschah und noch geschieht,
Das ist fürwahr ohn' Ursach' nicht;
Deß steht viel an des Glückes Rad,
Es ist vielleicht oft gut wie schad'.
Gar mancher mir ein' Straß' oft wehrt,
Die er oft selber gar gern fährt.
Kein Dieb dürft' Unrecht thun noch stehlen,
Könnt er nicht lügen und verhehlen.
Der Müssiggang der hat das Recht,
Er macht zum Dieb manch' faulen Knecht.

81.

Wann's nur halt,
Und mir gefallt,
Und kost' nicht zu viel Geld:
Muß es recht sein aller Welt.[1]

[1] Hausinschrift.

82.

Kleider aus, Kleider an,
Essen, Trinken, Schlafengahn,
Ist die Arbeit, so die deutschen Herren han.

83.

Ein Handwerksmann, der fromm' Knechte hätt',
Die gern arbeiten früh und spät,
Und denen man übel zu essen geit,[1])
Und der Meister über die Wochen zum Wein leit,[2])
Und alles das würd' han,
Das ihm sein Werkstatt gewinnen kann,
Und den Knechten besonders einkaufen läßt
Harte Käs' und grobes Brot,
Und meint, er woll' an ihnen sparen,
Das ihm ist durch die Blasen gefahren,
Und die Knecht' über Jahr gern das best' thäten,
Und am Sonntag gern ihren Wochenlohn hätten,
Und erst sollten borgen ihren harten Lohn:
Dem würd' gar selten in die Läng' gut Arbeit gethan.

[1]) giebt. [2]) liegt.

84.

Eine Jungfrau ohne Scham,
Ein Acker ohne Sam',
Ein junger Gesell' ohne Zucht,
Bringen selten gute Frucht.

85.

Ein Schreiber,¹) der lieber tanzt und springt,
Denn daß er in der Kirchen singt,
Und lieber vor den Metzen hofirt,
Denn daß er einem Priester ministrirt,
Und lieber bei einer Dirne schlief,
Denn daß er zu der Predigt lief',
Und lieber drei Tag' Buhlbrief' schrieb,
Denn daß er bei einer Vesper blieb,
Und lieber auf der Gass' schwanzirt,
Denn daß er in den Büchern studirt:
Wenn aus einem solchen ein frommer Priester wird,
So hat ihn Gott mit großer Gnad' berührt.

¹) Junger Geistlicher.

86.

Welcher Mann ein Huhn hat das nicht legt,
Und ein' Schweinsmutter, die nicht Junge trägt,
Und hat ein' ungetreuen Knecht,
Der ihm gar selten arbeitet recht,
Und eine Katz', die nimmer fängt ein' Maus,
Und ein Weib, die buhlt aus dem Haus,
Und ein' Magd, die heimlich geht mit ein' Kind:
Der Mann hat ein gar unnütz Hausgesind'.

87.

Redeten die Pfaffen so gern Latein,
Als gern sie trinken guten Wein,
So fänd' man manchen gelehrten Mann,
Der mehr Latein könnt' denn er kann;
Und wollten auch all' studieren destomeh'[1],
Wenn jeder ein Weib hätt' zu der Eh':
Ich ließ mir auch eine Platte scheer'n,
Ich hab' wohl Wein und Weiber auch so gern.

[1] destomehr.

88.

Ein Weib nach Hübschheit als ich sag'[1]
Müßt' haben eines Weibes Haupt von Prag,
Ein Bäuchlein von einer von Frankreich,
Und zwei Brüstlein von Oesterreich,
Ein' Kehl' und Rücken von Brabant,
Der Köllner Weiber ihr' weiße Hand,
Zwei weiße Füßlein dort her vom Rhein,
Von Baiern soll der Sitten sein,
Und die Red' dort her von Schwaben:
So thäten sie die Frauen begraben.

[1] so schön als ich sie wünschte.

89.

Prälaten, die Gott nicht sehr ansehen,
Priester, die die heilige Kirche fliehen,
Ein Herr, frech und ungnädig,
Eine Frau, schön und unstetig,
Ein Richter, der da Lügen lehret,
Ein Schöffe, der das Recht verkehret,
Ein Herre, der sein Land verkauft,
Eine Jungfrau, die früh zu der Kirchen lauft,
Ein Mönch, der aus seinem Kloster redet,
Ein Altmann, der sich zu Thorheit gesittet,
Ein Schüler, der da frühe nimmet,
Ein arm' Mann, der guten Wein wohl kennet:
Diese zwölf Thaten sieht man selten wohl gerathen.

90.

Herrendienst und Rosenblätter,
Frauenlieb und Aprilwetter,
Würfel- und Kartenspiel
Verkehrt manch' Gesellschaft, wer's glauben will.

91.

Alter ohne Weisheit, Weisheit ohne Werk,
Hoffart ohne Reichthum, Reichthum ohne Ehre,
Adel ohne Tugend, Herrschaft ohne Gesinde,
Volk ohne Zucht, Stadt ohne Gericht,
Gewalt ohne Nutz, Jugend ohne Furcht,
Frau ohne Scham, Geistlich Leben ohne Fried',
Diese zwölf Sach' machen in der Welt viel Ungemach.

92.

Die Gäste, die ungern bezahlen,
Aus dem Käse machen Schalen,
Bartholomäus aus dem Brot:
Die sind in keinem Hause noth.

93.

Einer der Spiel hat getrieben an
Dreißig Jahr und nie ein' Schwur hätt' thau,
Und ein Wirth, dem alle Tag' Gäste kommen,
Der nie ein' Gast hätt' übernommen,
Und ein Kaufmann, der wahr sagt zu aller Zeit,
Und ein Schneider, der alle Fleck wiedergeit,[1]
Und ein Weber, den man zählt zu den Alten,
Der nie ein Garn hätt' daheim behalten,
Und ein Müller, der zu seinen Jahren ist kommen,
Der nie ein Metzen zu voll hätt' genommen,
Und ein Jud', der da hat ein' grauen Bart,
Der nie einem Christen feind ward:
Die sieben wollt' ich lieber beieinander sehen,
Denn einen Schneider an einer alten Hosen nähen.

[1] wiedergiebt.

94.

Viel gelesen, wenig verstanden,
Viel gejagt, wenig gefangen,
Viel gehört und wenig gemerkt;
Dieses sind drei verlorene Werk.

95.

Gut Bier, frisch Wein,
Eine Musika rein,
Dazu ein Jungfräulein:
Wär' ja ein Stein, der nicht wollt' lustig sein.

96.

Bei dem so wollt' ich gerne rasten,
Der behend wär' mit Schreiben und Lesen.
Langsam' Maler und auch Schreiber,
Feiste Schwein' und auch Eseltreiber,
Den Eseln gehören Schläge zu,
Den langsamen Händen groß' Unruh.
Nach Schönheit sollen dieselben trachten,
Der Behendigkeit gar wenig achten.
Behend und gut behält die Kron',
Langsam und bös' hat kleinen Lohn.
Des Kleinen will man nimmer achten,
Nur auf Behendes thut man trachten.
Langsam, das schleicht recht als ein Dieb,
Die Behendigkeit, die hat man lieb
Weit und breit, an allen Enden,
So man Langsamkeit fast thut schänden.
Die Schönheit ist der Augen Zier,
Ob Behendigkeit, das glaub' du mir.
Den Armen magst du machen reich,
Schönheit ist dir nicht gleich,
Ja, wohl mit der langsamen Hand.
Behendigkeit geht durch alle Land',
Fürsten und Herren thut sie begaben:
Die Langsamen will niemand haben.

97.

Was Gott der Herr einem gönnen will,
Es sei gleich wenig oder viel,
Eh' daß der Mensch auf Erden kömmt,
Das bleibt ihm alles unzertrümmt:
Weib, Kind, Glück und Ehr',
Hoch Stand, Schönheit und gut' Gebähr',
Wie arm er ist und so elend,
Und wär' dort nieden zu Orient,
Und wär' das sein dort oben zu Westen,
Noch wird es ihm allsammt zuletzten,
Hat ihm das Gott versehn zu hagt[1]);
Hätt' ihm all Welt ganz abgesagt,
Derselbig' Mensch müßt' ja das haben,
Und wär' es in neun Mauern vergraben.

[1]) zu seinem Behagen.

98.

Ein Würzgart' und ein Rosenkranz,
Mägd' und Knecht' und schöner Tanz,
Gut' Kost', süß' Wein und schöne Frauen,
Vogelgesang und Blumen in Auen,
Schöne Menschen und gesund allsammt,
So wollt' ich's treiben ewigleich,
Wenn droben wär' kein Himmelreich.

99.

Weiber List,
Gottes Gnad',
Und der Bauern Falschheit:
Bestehen in Ewigkeit.

100.

Ein Krämer der nicht lügt,
Und ein Apotheker, der niemand betrügt,
Und ein Jud', der allen Betrug läßt fahren,
Damit er seine Seele will bewahren,
Und ein Pfarrer, der sich des Opfers wehrt,
Und meint, Gott hab' ihm sonst genug bescheert,
Und ein Domherr, der sich in ein' Stock ließ quälen,
Ehe er sich zu einem Bischof ließ wählen,
Und ein Richter, der eher um einen Gulden käm',
Denn daß er zwei zu Handsalb' nähm',
Und ein Herr, der alle Zöll' abthun hieß,
Ehe er einen Räuber im Lande ließ:
Die sieben wollt' ich auch lieber beieinander finden,
Denn einen Metzger an einer Kuh sehn schinden.

101.

Ein stolzer Pfaff',
Ein kluger Aff',
Ein ungezog'nes Kind:
Sind des Teufels Hofgesind'.

102.

Gar manche woll'n all' Welt anplärren,
Und sind doch gegen ihr' Weiber Narren.
Was mancher ein' Woche gewinnen kann,
Das wird von seinem Weib am Feiertag verthan;
Und was er über Jahr kann erlaufen,
Um das muß er ihr Kleider kaufen,
Und thät' er gern all's was er sollt',
Noch ist sie ihm weder treu noch hold;
Und was ihr kann daneben werden,
Und sollt' sie das ganze Haus umkehren,
Das ist verfressen, vertrunken und verthan,
Wie auch der Mann sich stellet an;
Er fehlt der Gloß mit exponir'n,[1]
Und hätt' er aller Menschen Hirn,
Er muß sich lassen täuschen und äffen;
Es wär' denn daß ihn ein Glück thät' treffen,
Daß sie Vier'n auf die Achsel flög',[2]
Und wenn er drum ein' Leidkappen trüg',
Und wollt' fast drum weinen und klagen,
Daß man sie ihm aus dem Haus thät' tragen,
So sollt' Jedermann Gott bitten drum,
Daß er eine viel bösere nähm.
Wollt' er die Leut' darum anschnappen,
So ging ihm der Ritt an in der Kappen.[3]

[1] Er täuscht sich in seinen Erwartungen. [2] daß sie stärbe, d. h. von vier Trägern zu Grabe getragen würde. [3] So wäre er für das Irrenhaus reif.

103.

Welcher Ritter bei einer Messe steht,
Und nicht zum Opfer geht,
Und Schüsseln spült und spielt mit Schälken,
Und beginnt die Kuh zu melken,
Und geflickte Schuhe trägt,
Und einen Armen verschmecht,[1]
Und seine Kleider schickt, daß man sie wend',
Der hat sein' Ritterschaft ganz geschänd.'

[1] verachtet, gering schätzt.

104.

Löcher und Schaben im alten Gewand,
Die Dinge einem kein Schneider ahnd',
Schnee, Eis, Reif und großer Frost,
Das ist allen Kürschnern ein Trost;
Schläger, Stecher und Wundenhauer,
Lachen Barbier' und Leichenschauer;
Der Plattner hat auch lieb den Rost,
So er ist in andrer Leute Kost;
So ist auch hold dem Hunger der Bäck',
Wenn er leert ihm die Mehlsäck';
Der Schuster und der Müller rief
Nach Regen, so es gemächlich lief;
Die Wagner zäh' Holz und auch Weid',
Zähen Stahl und Eisen der Schmied,
Minne und Lieb' von schönen Frauen:
Der jetzt thut gern an einander schauen,
Und hat auch jeglichs einander lieb,
Denn nur der Galgen nicht und der Dieb.

105.

Ein Handwerksknecht, dem man guten Lohn geit,¹)
Der des Morgens lang auf den Tag leit,²)
Und alle Montag zum Weine geht,
So sein Meister unter den Juden steht,
Und all' Mittwoch Gesellen ausgeleit',
Eh' er sein' Uebergriff hat bereut,
Und alle Freitag' geht zum Meth,
So sein Meister verdingt' Arbeit hätt',
Und alle Samstag zum Bade geht,
Und des Nachts lang auf der Gassen umgeht,
So er seinem Meister nöthigs arbeiten soll:
Der verdient selten sein' Wochenlohn wohl.

¹) giebt. ²) liegt.

106.

Wer immer dich belehren will,
Und hält nie deiner Lehre still,
Wer immer spricht von seinen Sorgen,
Wer anders heut ist, anders morgen,
Wer immer tadelt, wo er kann,
Und hält sich für den ersten Mann,
Und ist nicht mit den Jungen jung:
Für solchen hab' ich keinen Trunk.

Inschrift auf einem Pokal.

107.

Ein Zimmermann, dem die Spähn' in Kleidern hangen,
Wenn er ist von seiner Arbeit gegangen,
Und ein Köhler, der schwarze Kleider trägt,
Wenn er die Kohlen zu Haufen hat gelegt,
Und ein Metzger, der mit Blut ist besprengt,
Wenn er ein Schaf sticht oder ein Schwein besengt,
Und ein Wagenmann, der anträgt schmutzige Schuh,
Und underweilen Hosen dazu,
Und ein Schmied, der rüstig ist unten und oben,
Und ein Müller, der mit Mehl ist bestoben,
Und ein Meßner, der mit Wachs ist betreuft,
Uo er unter den Kerzen hinläuft:
Damit hat ihrer keiner seine Ehre verletzt,
Der ist ein Narr, der darum übel red't.

108.

Wer Gaisen in einen Garten läßt,
Und Ofenkacheln die Boden ausstößt,
Und weiß' Schleier an Kessel reibt,
Und einen stößt der da schreibt,
Und in ein' Küchen läßt Schwein',
Und Löcher bohrt in ein Faß mit Wein,
Und sonst ander' Arbeit nicht lassen kann:
Der verdient gar einen kleinen Lohn.

109.

Ein Hirt, der treulich seines Viehes hüt',
Und nimmer flucht und allwegs ist gut,
Und ein Bauersmann, der sein Gült¹) schön geit,²)
Getreulich und zu rechter Zeit,
Und ein Handwerksmann, den niemand schilt,
Der einem seinen Pfennig wohl vergilt,
Und ein Ritter, der gern beschirmt Witwen und Waisen,
Und niemand sich läßt wider Recht abzaisen,³)
Und ein Herr, der Fried' macht über Jahr,
Und das so hält bis auf die Bahr:
Den' allen will Gott milde verzeihen,
Er will ihnen sein' Gnade am letzten End' verleihen.

¹) Zehnten. ²) giebt. ³) ablocken.

110.

Ein hübscher Waidmann und ein Jäger,
Und ein Fauler und ein Träger,
Ein' Geig' und ein' Fiedel,
Und ein' Sitzbank und ein' Siedel,
Und ein' wild' Gans und ein' Rapp',
Und ein Maulaff' und ein Lapp',
Und ein Dummer und ein Unweiser,
Und ein Lacher und ein Be—trüger,
Und ein' Kist' und ein Schrein,
Und ein' Sau und ein Schwein,
Und ein Ochs und ein Rind:
Diese sind alle Geschwisterkind.

111.

Ein Rath in einer Stadt und ein' Gemein',
Wo die all' gleich trügen überein,
Und ein Pfarrer und all sein Unterthänig,[1]
Die nimmer mit einander sind widerspännig,[2]
Und ein Convent in ein' Kloster und ein Abt,
Zwischen den, es nimmer einen Streit gehabt,
Und ein Herr und all' sein Hintersassen,[3]
Die nimmer mit einander Kiffen aßen,[4]
Und ein frommer Eh'mann und sein Weib,
Die zwei Seelen haben und nur einen Leib,
Seht, wo die Dinge all' gleich konkordieren,
Das ist Gott ein viel besseres Hofieren,
Denn Saitenspiel und Orgelgesang,
Das von Musica auf dieser Erd' je erklang.

[1] Unterthanen, Pfarrkinder. [2] widerspenstig. [3] Zehntenpflichtige. [4] mit einander haderten.

112.

Wer nichts weiß und nicht frägt,
Und nichts kann und im Lernen betrügt,
Und die Kunst, die er da könnt',
Zu lernen niemand gönnt',
Und hasset den, der Rechtes thut:
Diese vier haben thörichten Muth.

113.

Ein Kind vergißt sich selbst,
Ein Knabe kennt sich nicht,
Ein Jüngling acht' sich schlecht,
Ein Mann hat immer Pflicht,
Ein Alter nimmt Verdruß,
Ein Greis wird wieder Kind:
Was meinst Du, daß doch dies
Für Herrlichkeiten sind?

114.

So oft man Herren bitten müssen,
So oft man fiel zu ihren Füßen,
So oft man leistet ihr Gebot:
So wähnt ein Thor, daß er sei Gott.

115.

Wer in zwanzig Jahren nicht wird schlank,
Und in dreißig Jahren wird nicht krank,
Und in fünfunddreißig nicht wird stark,
Und mit vierzig Jahren wird nicht karg,
Und in fünfundvierzig Jahren nicht hat Muth,
Und in fünfundsechzig nicht hat Gut,
Und in fünfundsiebzig Jahren nicht wird weis',
Und in fünfundneunzig Jahren nicht gefangen,
Und in hundert Jahren nicht erhangen,
Und er soll das alles überleben:
So hat ihm Gott viel Glück's gegeben.

116.

Wenn der Bischof den Topf treibt,
Und wenn der Ritter Bücher schreibt,
Und daß der Mönch den Harnisch trait,[1])
Und wenn ein' hübsche stolze Maid
Zu Rosse soll ein Schütze sein,
Und wenn die Nonnen und Pagein[2])
Wollen zu den Höfen fahren,
Und wenn der Mann soll spinnen Garen,[3])
Und wenn ein achtzigjährig' Mann
Soll gen Schul' und Belehrung gahn,
Und wenn ein Kind mit einem Gehren
Soll erstechen ein' alten Bären:
Dasselbig ist alles widerwärtig,
Und wird nimmer recht ärtig.[4])

[1]) trägt. [2]) Pagen. [3]) Garn. [4]) artig, d. h. zu keinem guten Ziele führt.

117.

Seid die Ritterschaft Turniere vermeid',
Und die Priesterschaft in Harnisch reit',
Und weltliche Mönche geistliche Pfarr' regieren:
So müssen wir Land und Leute verlieren.

118.

Ein Richter, der da sitzt an einem Gericht,
Und treulich darnach sinnt und dicht',
Wie er einem ein recht's Urtheil möcht sprechen,
Wenn ihn der Logien Stachel will stechen,
So Gewalt das Recht hinter sich treibt,
Wenn er das wieder vor sich schiebt,
So man einem Armen das Recht verquent,[1]
Und ihm ein Hütlein vor die Augen wend't:
Schlägt er das wieder dannen mit seinem Stab,
Das Recht lieber hat, denn Freundschaft oder Gab',
Der arbeit' seine Seele so treulich zu Gott,
Als hielt er allwegen die zehn Gebot,
Und ging auf seinen bloßen Knien wallen:
Nachher hätt' Gott am Richten ein größer's Wohlgefallen.

[1] vorenthält.

119.

Ein thörichter Rathsherr in einem Rath,
So man weise Sach' zu handeln hat,
Und ein unbarmherziger Richter,
Der am Rechten wär' ein böser Schlichter,
Und ein ungelehrter Beichtiger,
Der nicht wüßte, was ein' Todsünd' wär',
Und ein Glöckner, der solches verhielt,
Daß er selber in der Kirchen stiehlt,
Und ein Thorhüter, der Weines Kraft besäß,
Daß er der Schlüssel nachts am Thor vergäß,
Und ein Rentmeister, der mehr nimmt, denn Schuldbücher weisen,
Und das übrige in sein' Sack läßt reisen:
Wer die absetzt und ließ andere fromm' an ihrer Statt stahn,
Der thät keine große Todsünde daran.

120.

Wer einen Bock zum Gärtner setzt,
Und auf Schafe und Gänse den Wolf hetzt,
Und seine Zähne stochert mit einem Scheit,
Und Hunden Bratwürst zu behalten geit,[1]
Und gute Kost salzt mit Aschen,
Und sein Geld legt in durchlöcherte Taschen,
Und in ein Reußen gießt Wein:
Der dünkt mich nicht wohl witzig zu sein.

[1] giebt.

121.

Der Jungen That,
Der Alten Rath,
Der Männer Muth:
Sind allzeit gut.

122.

Wo der Bürgermeister schenket Wein,
Die Fleischhauer im Rathe sein,
Und der Bäcker wiegt das Brot:
Da leidet die Gemeinde große Noth.

123.

Als Knabe verschlossen und trutzig,
Als Jüngling anmaßend und stutzig,
Als Mann zu Thaten willig,
Als Greis leichtsinnig und grillig,
Auf deinem Grabstein wird man lesen:
„Das ist fürwahr ein Mensch gewesen."

124.

Seitdem man die ausgeschnitten' Schuhe erdacht,
Und zerschnitten Hosen und Kleider mit Lappen macht,
Und seitdem man mehr Nestel in einer Hosen trägt, denn drei,
Und seitdem kein Mensch dem andern nimmer steht bei,
Und seit das Zutrinken und Fressen nimmt überhand,
Und, die es strafen sollten, nicht halten für Schand,
Auch schweren Marter Gott's Ohnmacht und Wunden
Gemein ist worden mit andern großen Sünden,
Und die Kriegsgurgeln so gar nehmen überhand
Und durchlaufen mit Rauben, Stehlen manche Land,
Und Niemand auf den Bann will achten,
Den etwa die frommen Päpste machten,
Und seitdem man will die alten Recht' verkehren,
Und die Priesterschaft nimmer hat in Ehren,
Und die Reichen die Armen würden verschmähen,
Und der Bauern würden spotten und sie anblähen,
Und seit das gemeine Volk in rauen Röcken[1] würd' gehen,
Seither wollt's nimmer wohl in der Welt stehen.

[1] rauhe Röcke = Pelzröcke, einst die Auszeichnung der Vornehmen.

125.

An Hundes Hinken,
Und Weiber Winken,
Und an Roßtäuscher Schwören
Soll sich Niemand kehren.

126.

Wär ich so weiß als ein Schwan,
Und könnte ich minnen als ein Hahn,
Und könnte der Nachtigallen Sang:
So wär ich in aller Frauen Zwang.

127.

Den Topf erkennt man aus seinem Klang,
Und den Thor'n und Narren aus seinem Sang:
Also einen jeglichen Menschen auf Erden
Aus seinen Sitten und Geberden.

128.

Reden schöne Wort',
Und thun närrische That,
Ich hab' oft gehört:
Das ganz übel staht.

129.

Ein Esel und das Nußbaumholz,
Darzu ein Weib prächtig und stolz,
Kommen mit Art ganz überein:
Denn wo nicht Schläg' vorhanden sein,
So geht der Esel nicht seinen Tritt,
Der Nußbaum giebt seine Früchte nit,
Das Weib will sein im Haus der Mann —
Wohl dem, der sein Weib ziehen kann!

130.

Da wo der Sohn vor dem Vater geht,
Und der Lai' ohn' den Priester zum Altar steht,
Und der Knecht sich über sein' Herren setzt,
Und der Bauer für den Edelmann das Wildpret hetzt,
Und die Henn' kräht für den Hahn,
Und die Frau red't für den Mann,
So soll man den Sohn strafen auf der Matten,
Und soll dem Laien scheeren ein' Narrenplatten,
Und soll den Knecht hinter die Thür stellen,
Und soll dem Bauer ein' Kuh darniederfällen,
Und soll die Hennen an ein' Spies jagen,
Und die Frau mit ein' eichen Knüttel schlagen:
So hat man allen den rechten Lohn gegeben,
Denn Gott der haßt ein unordentlich's Leben.

131.

Seht! Wo der Vater fürchtet das Kind,
Und läßt sich führen, eh' denn er wurd' blind,
Und der Wirth im Haus geschleiert geht,
So er wohl Uebel und Gut's versteht,
Und den Herrn duzt und ihrzt den Knecht,
Und den Bösen ehrt und den Frommen verschmecht,
Und die Priester spielen, fluchen und schwören,
Daß ihnen die Laien es müssen wehren,
Der Arbeiter lang fasten muß hin auf den Tag,
Und der Müssiggänger frühe füllt sein Sack,
Und der Bauer streit' und der Ritter fleucht,
Und der Arm' wahrsagt und der Reiche leugt:
Ist dem Kleid nicht das Hintere herfür gekehrt,
So hat mich der Schneider das Handwerk nicht recht gelehrt.

132.
In dem Haus fröhlich und tugendlich,
Auf der Gassen ehrsam und züchtiglich,
In der Kirchen demüthig und inniglich,
Auf dem Feld männlich und sinniglich,
An allen Enden fromm und ehrenfeste,
Allzeit gottesfürchtig: das ist das beste.

133.
Alte Hunde und Affen,
Junge Mönche und Pfaffen,
Wilde Löwen und Bären
Soll Niemand in sein Haus begehren.

134.
Welcher Mann einen Leib hat nicht zu schwer,
Und eine Tasche, die nimmer wird leer,
Und ein Haus, das voll Nahrung staht,
Und darinnen fromme Ehehalter hat,
Und melkende Küh' und feiste Schwein',
Und fromme Knecht, die gern gehorsam sein,
Und einen Hund, der des Nachts wohl hut,
Und ein Weib, das allzeit ist gut,
Und auch in ihren Ehren ist stet:
Der Mann hat ein gut Hausgeräth.

135.

Welcher Mann hat einen Lehrknecht,
Der ihm kein' Arbeit machet recht,
Und sonst ein Knecht, der viel ausmeiert,
Der gern frißt und gern feiert,
Und ein' Magd, die all' Nacht außen liegt,
Und eine Amme, die ein Kind trägt,
Und einen Sohn, der alles verspielt,
Und ein Weib, die ihm abstiehlt,
Und hat sein' Schwieger auch im Haus,
Und andre ihr Freund, die tragen aus,
Und darf das mit ein'm Wort nicht wehr'n,
Bei Schlagen und Raufen und Maulpern¹)
Der ist zum Märtyrer gar wohl genost,
Als St. Lorenz auf dem Rost.

¹) Auf den Mund schlagen, Maulschellen.

136.

Wer Ehehalter¹) dinget um großen Lohn,
Der heißt ihn billig ein Genüge thun,
Und Versprechen für Schaden, und bösen Handel,
Und insonderheit für die vier Wandel,
Das ist für Untreu, für Fraß und für Faul
Und für bös' Antwort aus dem Maul,
Als man oft an Dirnen und Knechten spürt,
Das bezeug' ich mit einem frommen Hauswirth.
Doch soll man sie auch gütlich halten und grüßen,
So gewinnen sie nicht Ursach' zum Verdrießen;
Aber wer einen Ehehalten dingen thät,
Der der vier Wandel kein' an sich hätt',
Der sollt' sich kein' Lohn lassen reuen,
Er wär' versorgt mit ganzen Treuen.

¹) Gesinde.

137.

Jagdhunde, wilde Schwein' und Hasen,
Und Fuchs und Hühner auf einem Rasen,
Und Frosch und Storch, Eulen und Raben,
Und zwei Gesellen, die ein' Buhlen haben,
Und zwei Hunde, die nagen ein Bein:
Die sind auch gar selten überein.

138.

Ein Priester, der ob dem Altar steht,
Wenn man sehr zu dem Opfer geht;
Und ein Krämer, der da feil hat große Hab',
So man ihm sie sehr kaufet ab;
Und ein Fischer der schwer' Reusen hebt,
Daran er wohl Gewinn erzielt;
Und ein Fauler liegend auf der Ofenbank:
Den Vier'n ist die Weil' gar selten lang.

139.

Wer hoch auf einem Baum will purzeln,
Und will sich halten an die Wurzeln,
Und barfuß tanzen will in Dorn',
Und nicht will fürchten die Spitzen vorn,
Und an ein Mühlrad sich ruhen laint,[1]
Und zu schlafen in ein' Ameisenhaufen meint,
Und Sand will in die Augen scharren:
Den halt' ich für ein' halben Narren.

[1] lehnt.

140.

Hätt' ich Venedig's Macht,
Augsburger Pracht,
Nürnberger Witz,
Straßburger Geschütz,
Und Ulmer Geld:
So wäre ich der Reichste in der Welt.

141.

Hätt' ich Herzog Georg's von Bayern Gut,
Und der Ulmer Muth,
Und Herzog Christoph's von München Leib,
Und Herzog Siegismund's von Oesterreich Weib,
Und der von Nürnberg Witz:
Ich gäb' um alle Sachsen nicht ein Switz.[1])

[1]) Nicht das Geringste.

142.

Hätt' ich des Kaisers Weib,
Und dazu Markgraf Albrecht's Leib,
Und der Venediger Gut,
Und der von Nürnberg Uebermuth,
Und der von Erfurt Weisheit und Witz:
So wollt' ich aller Welt vorsitz'.

143.

Vor Knechtes Zung' und Kinderspiel,
Vor Hundes Maul, als ich sagen will,
Vor großen Füßen und lispelnden Leuten:
Hüte dich wohl, thue ich Dir bedeuten.

144.

Wer seinem Nächsten getreu will sein,
Der bitt' zu Ostern für den Wein,
Und zu St. Jorgentag für die Blüth',
Daß Gott das Obst auf den Bäumen behüt';
Und zu Pfingsten für das Heu,
Davon das Vieh hat Futter und Streu;
Und zu St. Jakobstag für die Scheuern,
Daß sie Gott mög' behüten vor den Feuern;
Und zu St. Michelstag für die Saat,
Daran all' unsere Nahrung staht;
Und zu Weihnachten für alle Spieler,
Die an göttlicher Huld sind leer:
Wer also bitt' Gelehrter oder Lai', jung oder alt,
Der hat sein' Nächsten gen Gott und der Welt wohl bezahlt

145.

Gottes Gnad', ein gesunder Leib,
Ein gutes Bett, ein schönes Weib,
Tausend Dukaten in der Noth,
Fröhlich' Urständ' nach dem Tod:
Wer die sechs Glück zusammen hat,
Der komm' und lösch' den Reimen ab.

146.

Ein' harte Nuß, ein stumpfer Zahn,
Ein junges Weib, ein alter Mann,
Zusammen sich nicht reimen wohl:
Ein Jeder sein's Gleichen nehmen soll.

147.

Einen gesunden Bissen,
Ein gut Gewissen,
Einen reinen Trunk,
Einen seligen Sprung
Aus diesem Leben,
Woll' mir mein Gott in Gnaden geben.

148.

Wer den Aerzten würd' zu Theil,
Mit ihrer Affensalben Heil,
Und einem bösen Zöllner zu Theil würd',
So er ihm den Zoll hat hingeführt,
Und den Juden zu Theil würd' mit ihrem Gesuch,
So sie ihn schreiben in das Wucherbuch,
Und den Pfaffen zu Theil würd' mit ihrem Bannen,
So er nicht Geld hat auszuspannen,
Und einem Räuber zu Theil würd', der ihn umschlemmt,[1]
Und ihn in einem Stock um Geld klemmt,
Und der mit einem bösen Eh'weib würd' erschlagen,
Die Tag und Nacht an ihm thut nagen,
Wer dem dazu eines bösen Jahres gan[2]):
Der thät' beinahe täglich ein' Sünd' daran.

[1] fesselt. [2] gönnte.

149.

Wohl essen und trinken nach aller Begier,
Des Tages dreimal oder vier,
Und Kleider tragen nach allem Willen,
Damit mancher Mann sein Weib muß stillen;
Und wenig Gered' und viel böses Gedenk',
Das etliche heißen falsche Judasränk';
Und viel Kirchgang und wenig Andacht,
Und Wahrheit verschwiegen und Lügen gesagt;
Und geistlich sein und ein böses Gewissen;
Und außen schön und innen beglissen;
Und an der Predigt schlafen und am Tanze wachen:
Wenn die Dinge den Menschen heilig machen,
So find' man manchen, der gen Himmel fährt,
Ihm hab' denn Gott anders kein Glück bescheert.

150.

Ein Arzt, der Zahnweh könnt vertreiben,
Mit rechter Kunst an Mannen und Weiben,
Und das Podegram an Beinen und Füßen,
Mit rechter bewährter Kunst könnt büßen,¹)
Und Fieber und auch Pestilenz,
Um geringen Lohn und Referenz,
Und blinde Leut' könnt' machen sehen,
Als ihnen nie Leid an den Augen wär' geschehen,
Und lahme Krüppel könnt' machen gerad,
Daß sie fortan nimmer berührt der Schad',
Und Sonderfieche²) könnt' machen rein,
Als man sie da badet aus dem Taufstein:
Würd' er dann bei den Künsten allen betteln gehen,
So müßte gar übel in der Welt es stehen.

¹) heilen. ²) Unheilbar Krank.

151.

Getreulich gearbeit', mit allen gelitten,
Und den Lohn verspielt, und Mangel gelitten;
Und viel gewallet ohn' müde Bein',
Die wieder geruhet kommen heim;
Und viel gebetet ohn' alle Andacht,
Wenn Zunge und Herz nicht gleich zusagt;
Und viel gefastet mit guten, saftigen Lebern,
Die man sieht zu dem Schlaftrunk gewähr'n;
Und viel gebeichtet und die Buße nicht halten,
Als oft geschieht von Jungen und Alten;
Und viel Almosen geben von bösem Gut,
Als mancher Räuber und Wucherer thut:
Wer die Münz' Gott für voll will geben,
Und Eier legt in ein' löcherigen Kreben,[1]
Das sind zwei Arbeit' die gleich einander malen;
Gott läßt sich nicht mit kupferner Münze bezahlen.

[1] Korb.

152.

Wer ungeschaut in Säcken kauft,
Und sich mit einem Thoren rauft,
Und borgt Unbekannten auf ihr Sag':
Der singt ein Lied, heißt Marias Klag';
Und traut dem Wolf auf der Haid',
Und den Bauern auf den Eid,
Und Mönchen und Pfaffen auf ihr Gewissen:
Der wird von allen sieben be—trogen.

153.

Ein Gast, dem ein Wirth gütlich thut,
Und ihn der Gast bezahlt mit bösem Gut,
Und ihm der Wirth oft füllt sein Balg:
Der Gast ist ein rechter Schalk.

154.

Einem Mann, dem Gut und Ehr' zufließt,
Und deß kein Armer nicht genießt,
Und all' sein' Sach' ihm glücklich geht:
Sein gut End' gar genau im Glauben steht.

155.

Wer ein Steinhaus hat hoch und weit,
Das oben voller Korn's leit'[1]
Und ein' tiefen, kalten Keller unten,
Darin der Wein leit wohlgebunden,
Und hat Kuchenspeis, Käs und Schmalz,
Rüben, Kraut, Eier, Kümmel, Zwiebel und Salz,
Damit man ihm sein' Küchen füllt,
Das ihm die Bauern bringen zu Gült[2]
Die Scheuer voll Holz bis hinauf zum Dachen,
Und am Tennen hangen drei gut' Pachen[3]
Und vier Weiher mit guten Fischen,
Und silbern Geschirr auf allen Tischen,
Acht Truhen mit Kleidern und eine mit Geld,
Und ein lustiges Weib ganz nach der Welt,
Die schöne Kinder ihm hat gegeben:
Sollt' der nicht gern auf Erden leben?

[1] liegt. [2] Zehnten. [3] Speckseiten.

156.

Nebel, übrige Kälte und heiße Gluth,
Taubenmist und auch ihr' Brut,
Wimpern stechen und Augen reiben,
So Blattern und Noth darin thut bleiben,
Gestöber, Blitz, Sonn' und auch Rauch,
Große Trünk', Zwiebel und Knoblauch,
Weißer Schnee und auch heiße Bad:
Die Ding sind all' den Augen schad'.

157.

Nach dreien Dingen wird man stark,
Das find' man in der Weisheit Sarg:
Das erst: wenn einer bezahlt all sein Schuld,
Und gewinnt seiner Gläubiger Gunst und Huld;
Das ander: wenn einen der Hunger hat besessen,
Darnach er genug hat zu trinken und zu essen;
Das dritt': Wenn einer recht hat gebeicht',
Davon viel Schwachheit von ihm weicht.
Die drei Bürd' drücken manchen krank,
Daß ihm ein Jahr wird zweie lang,
Wer die drei Lasten von sich legt,
Der hat so viel Schwachheit verzehrt,
Daß er wird stärker denn vor seiner zween,
Wenn er ohn' Schuld und ohne Sünd' wird geh'n.

158.

Ein Richter, der da richtet recht,
Den Armen wie Reichen, und Niemand veracht';
Und ein Kaufmann, der Niemand äfft,
Zu allerzeit mit seinem Geschäft;
Und ein getreuer, frommer Handwerksmann,
Der gern arbeitet, und das wohl kann;
Und ein Bauersmann, der sich anders nicht nährt,
Denn das er mit dem Pflug aus der Erden erährt,
Damit ihm seine Nahrung wird sauer und bitter:
Die vier trügen viel billiger Gold, denn ein böser Ritter.

159.

Ein Schweinshirt, der da hütet bei Korn,
Der bedarf wohl Hütens hinten und vorn;
Und ein Roßhirt bei einem Haferacker,
Der muß auch munter sein und wacker;
Und ein Schäfer zwischen Waldes Lücken,
Der bedarf wohl Hütens vor Wolfes Tücken;
Und ein Kuhhirt, der bei Wiesen fährt,
Der bedarf, daß er unten und oben wehrt;
Und ein Geißhirt bei einem Krautgarten,
Der muß auch genau zuwarten;
Aber einer, der ein junges, feuriges Weib hat,
Und dieselbe will hüten früh und spat',
Die Hut ist ganz und gar verlor'n,
Fürchtet sie nicht Gott und ihres Mannes Zorn.

160.

Wer ab will löschen der Sonne Glanz,
Und ein' Geis will nöthigen, daß sie tanz',
Und einen Tauben will zwingen, daß er hör',
Und eine Kuh will jagen durch ein Nadelöhr,
Und geistlich' Mönch' will machen aus Schälken,
Und aus einem Esel Meth will melken,
Und an eine Kette will binden ein Fist:
Der arbeit' gern, daß unnütz ist.

161.

Heimlicher Neid,
Eigener Nutz,
Junger Rath:
Troja und Rom
Zerstört hat.

162.

Welcher Mann sich vor dem Alter sorgt,
Und ungern bezahlt und gern borgt,
Und mit Hirschen um die Wette will springen
Ueber tiefe Gräben und Klingen,
Und allzeit hüten will seiner Frauen,
Und darum stechen will und hauen,
Und ringen will mit einem Bär'n:
Der macht sich selbst Unruhe gern.

163.

Wer Frauen die Köpfe stößt aneinander,
Wenn eine heimlich red't mit der ander(n)
Und scharfe Messer haut in Stein,
Und an ein Tanz streut spitzige Bein,
Und in ein Essen rührt Aschen,
Und Löcher bohrt in Beutel und Taschen,
Und den Frauen hinten auf die langen Mäntel tritt:
Der arbeit' auch gern, was man ihn nicht bitt'.

164.

Wer von Bautzen kommt ungefangen,
Von Görlitz ungehangen,
Von Zittau ohne Weib:
Der kann sagen von guter Zeit.

165.

Welcher solche Dinge will ausstudier'n,
Und darum schwächen sein Gehirn,
Ob besser Beten sei, denn Schwören,
Und ob sich ein Wolf einer Gans mag erwehren,
Und ob Zucker süßer sei, denn Gallen,
Und ob Tanzen nützer sei, denn Wallen,
Und ob Feuer heißer sei, denn Schnee,
Und ob einem kranken Menschen sei weh,
Und ob Weinen trauriger sei, denn Lachen:
Der bekümmert sich um unnütze Sachen.

166.

Laß den Fröschen ihr Quaken,
Und den Raben ihr Gacken,
Und halt' Dich zu der Kunst,
Dabei des Todes Pfeil' sind umsunst.

167.

Kleine Wasser machen niemand reich,
Große Fisch find't man im großen Teich.
Hab' diese Rechnung vor gewiß:
Das Haupt sei edler denn die Füß'.
Halt' dich mit Fleiß beim großen Herren,
Man genießt seines Guts und seiner Ehren.
Wer sich mit groben Filzen hudelt,
Zu Lohn mit Undank wird besudelt.
Wer sich mengt unter die Kleien,
Der wird gefressen von den Säuen.

168.

Welcher Priester sich deß vermeß',
Der ein Jahr ob dem Scholder[1]) säß,
Und ein Jahr als Freiharts-Knecht umlief,
Und ein Jahr all' Nächt' in der Badstuben schlief,
Und wär' ein Jahr eines Bubenvaters Knecht,
Und ein Jahr ein Büttel sein möcht',
Und daselbst allerlei Recht spüret,
Und ein Jahr einen Blinden führet,
Und wär' ein Wirth in einem Frauenhaus:
Da würd' erst ein guter Beichtvater draus.

[1]) Schuldthurm.

169.

Man lobt nach Tode manchen Mann;
Der Lebende selten Lob gewann,
Wie viel er Tugend hat gethan:
Der Neid ihm nicht des Lobes gan.[1]

[1] gönnte.

170.

Wenn Priester auf Worte statt Werke sinnen,
Wenn Brauer ihr Bier mit Wasser verdünnen,
Wenn Schneider die Junker Meister nennen,
Statt Ketzer sich Dirnenjäger verbrennen,
Wenn jegliche Sache nach Recht nur geht,
Kein Edelmann mehr im Schuldbuch steht,
Wenn allen Zungen der Stachel genommen,
Nicht Beutelschneider zum Jahrmarkt kommen,
Wenn der Wucherer sein Geld zählt auf den Straßen,
Und die Kuppler Kirchen bauen lassen:
Dann kommt das Königreich Albion
In große Verwirrniß und Confusion;
Dann kommt die Zeit — wer lebt wird's sehen —
Daß man die Füße braucht zum Gehen.[1]

[1] Shakesp. König Lear. III. 2.

171.

Gott thut alles, das er will,
Und verhängt uns Unbilden viel,
Und rächt' er alles, das er vermag:
So stünde die Welt nicht einen Tag.

172.

Wer allzeit folget seinem Haupt,
Gutem Rath weder folgt noch glaubt,
Der achtet Glück und Heil gar klein,
Und wird sehen das Verderben sein.

173.

Mannes List behende,
Frauenlist hat kein Ende:
Seelig ist der Mann,
Der sich vor Frauenlist hüten kann.

174.

Kunst, Rath und auch Geschicklichkeit,
Tugend und auch Ehrbarkeit,
Machen, daß manch armen Mannes Kind
Man auch bei großen Herren find'.

175.

Gunst und Ungunst,
Haß und Gnad',
Gedeihen und Verderben,
Stehl alles auf einem Rad.

176.

Dem Wolf das Schaf,
Dem Fuchs die List,
Den Frauen das Lob gefällig ist;
So nimmt der Ochs der Krippe wahr:
Also ist die Natur wunderbar.

177.

Wer trinkt ohne Durst,
Der Liebe pflegt ohne Lust,
Und ißt ohne Hunger:
Der stirbt um 20 Jahre jünger.

178.

Wer im 23. Jahr nicht stirbt,
Und wer im 24. Jahr nicht ertrinkt,
Und im 25. Jahr nicht wird erschlagen:
Der kann wohl sagen von guten Tagen.

179.

Wem die Schafe wohl stehen,
Und die Weiber wohl abgehen,
Und gerathen ihm die Teich':
Der wird gemeiniglich reich.

180.

Der Fröhliche nicht, der Betrübte bald,
Wünschet über sich des Todes Gestalt;
Darum schickt Gott Trübsal und auch Noth,
Daß wir begehren sollen den Tod.
Der Tod des Lebens Anfang ist:
Drum fürchte ihn kein frommer Christ.

181.

Gott fürchten, ein gesunder Leib,
Ein fröhlich Herz, ein freundlich Weib,
Ein guter Wein, das Gewissen rein:
Mag wohl das beste Leben sein.

www.ingramcontent.com/pod-product-compliance
Lightning Source LLC
Chambersburg PA
CBHW020118170426
43199CB00009B/556